Karl-Hans Grünauer

Ethik

In sozialer Verantwortung leben und lernen

Copyright: pb-verlag • 82178 Puchheim • 1998

ISBN 3-89291-**614**-4

Ethik 5

- LEHRSKIZZEN • TAFELBILDER • FOLIENVORLAGEN
- ARBEITSBLÄTTER mit LÖSUNGEN

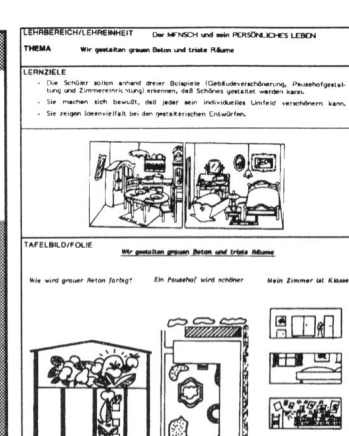

Inhaltsübersicht:

I. Der Mensch und sein persönliches Leben

1. Wie soll man an das Lernen herangehen?
2. Warum ist richtiges Lernen so wichtig?
3. Wie verbringen wir unsere Zeit?
4. Wie können wir unsere Freizeit sinnvoll gestalten?
5. Pflanzen brauchen Pflege
6. Wie bringt Moni ihren Mecki über den Winter?
7. Wie können wir verlassenen Tieren helfen?
8. Helfen - aber wie?
9. Soll die Maus dem Löwen helfen?
10. Wie verwirklichen Pfadfinder ihren Leitsatz „Täglich eine gute Tat"?
11. Die „gute Tat" in Heiligenlegenden
12. Das Schöne sehen und sich dafür begeistern
13. Wir gestalten grauen Beton und triste Räume
14. Warum ist eine saubere Handschrift so wichtig?

II. Der Mensch in Gemeinschaft mit anderen

1. Ich und die anderen (Hilfe und Geborgenheit erfahren, angenommen sein, ausgeschlossen sein, vertrauen können, Freud und Leid teilen)
2. Warum sind gute Umfangsformen wichtig?
3. Wie sollen wir miteinander umgehen?
4. Warum entsteht Streit?
5. Wie lässt sich Streit beilegen?
6. Handeln Max und Moritz richtig?
7. Warum wird in Schulen vieles zerstört?
8. Sind Streiche immer lustig?

Ethik 5
Nr. 228 *150* Seiten DM 32,80

Ethik 6

- LEHRSKIZZEN • TAFELBILDER • FOLIENVORLAGEN
- ARBEITSBLÄTTER mit LÖSUNGEN

Inhaltsübersicht:

I. Der Mensch und sein persönliches Leben

1. Wir setzen uns Ziele
2. Im Lernen selbstständiger werden
3. Wir stellen Zeitpläne auf
4. Zehn Tipps, wie wir leichter lernen
5. Wie kann man mit Schwierigkeiten beim Lernen fertig werden?
6. Freizeit gestalten - aber wie? (U-Sequenz)
7. Sich entscheiden lernen: Wer soll Mann/Frau des Jahres werden?
8. Welche Jugendzeitschrift soll Sandra abonnieren?
9. Immer diese Entscheidungen ...
10. Warum ist für uns ein Beruf so wichtig?
11. Handlungen und ihre Folgen: Soll ich heute schon an morgen denken?
12. Maßstäbe für Entscheidungen: Warum entscheiden sich Menschen so?
13. Wenn das Wörtchen „wenn" nicht wär'
14. Schuldig werden: Warum verdächtigen die Leute den Herrn Hofer?

II. Der Mensch in Gemeinschaft mit anderen

1. Ursachen von Leid: Warum leiden so viele Menschen?
2. Worunter Kinder leiden!
3. Der Teufelskreis der Armut und seine Bekämpfung: Wie hilft Unicef den Kindern in aller Welt? (Unicef-Puzzle)
4. Wie wird Kindern bei uns geholfen? (im Verkehr, beim TV, bei Schulschwierigkeiten)
5. Behinderungen nachempfinden können: Wie hat Helen Keller ihr Leben gemeistert?
6. Wege aus einer wortlosen Welt: Zur Geschichte der Gehörlosenbildung
7. Wie sollen wir uns gegenüber Behinderten verhalten?
8. Wie kämpft Mutter Teresa gegen das Leid in der Welt?
9. Die freien Wohlfahrtsverbände
10. Welche Aufgaben hat das Rote Kreuz?
11. Helfen - aber wie?
12. Hilfe durch Handeln: Eine Aktion der Hilfe für den anderen!

Danksagung

Ethik 6
Nr. 229 *166* Seiten DM 34,80

Ethik 7

- LEHRSKIZZEN • TAFELBILDER • FOLIENVORLAGEN
- ARBEITSBLÄTTER mit LÖSUNGEN

Inhaltsübersicht:

I. Der Mensch und sein persönliches Leben

1. Warum fällt Selbstkritik so schwer?
2. Gibt es minderwertige Berufe?
3. Ist die Frau nur für Kinder, Küche, Kirche da?
4. Wie das Lernen mal richtig Spaß machte!
5. Wie macht Freizeit Freude?
6. Freizeit nützen - Freizeit vergeuden?

II. Den Zusammenhang zwischen Erfolg und Lebensglück bedenken

1. Menschen streben nach Glück!
2. Worin finden Menschen ihr Glück?
3. Warum ist ein erfolgreiches Leben für manche so wichtig?
4. Garantiert Erfolg in der Schule Erfolg im Leben?
5. Warum werfen so viele Lehrlinge vorzeitig das Handtuch?

III. Der Mensch in Gemeinschaft mit anderen

1. Wie begegnen Menschen Fremden und Ausländern?
2. Vorurteile abbauen (Arbeitsblätter zur Friedenserziehung nach E. und H. Bulitta, Volksbund Deutsche Kriegsgräberfürsorge: Ursachen von Vorurteilen und Voraussetzungen für einen vertrauensvollen Umgang miteinander)
   Was sind Vorurteile?
   Wo finden wir Vorurteile?
   Wer gibt Vorurteile weiter?
   Vorurteile - Vorurteile - Vorurteile
   Wie kann man Vorurteilen auf die Spur kommen?
   Wie und warum entstehen Vorurteile?
   Vorurteile sind Pauschalurteile
   Warum lassen sich Vorurteile so schlecht abbauen?
   Der aussichtslose Kreislauf der Strafgefangenen
   ABC der Auswirkungen von Vorurteilen
   Schülerbeiträge über Vorurteile

Umsteigen bitte!
Wie können wir Vorurteile gegenüber ausländischen Mitbürgern abbauen?
Vorurteile lassen sich überwinden
Aus dem „Kreuzwertheimer Friedensmodell"
Regeln zu mehr Toleranz
Die Friedensarbeit des Volksbundes Deutsche Kriegsgräberfürsorge e.V.
3. Seine Meinung frei äußern ... ist ein Grundrecht
4. Warum darf Miguel Porcel in Kuba nicht mehr auftreten?
5. Warum will Olev Kiirend aus der Russland ausreisen?
Danksagung und Hinweise auf Literatur

Ethik 7
Nr. 323 *144* Seiten DM 31,80

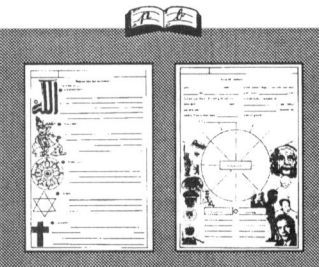

Ethik 8

- LEHRSKIZZEN • TAFELBILDER • FOLIENVORLAGEN
- ARBEITSBLÄTTER mit LÖSUNGEN

Inhaltsübersicht:

A. Der Mensch und sein persönliches Leben

1. Jeder muss seinem Gewissen folgen
1.1 Warum ist Ladendiebstahl kein Kavaliersdelikt?
1.2 Soll Rabbi Josua den Totgeweihten ausliefern?
1.3 Was ist das Gewissen?
1.4 Warum ist der Weg zu einem selbstständigen Gewissen so schwierig?
1.5 Soll man dem Gewissen um jeden Preis folgen?
2. Nachdenken über verschiedene Antworten auf die Frage nach dem persönlichen Lebenssinn
2. Welchen Sinn hat mein Leben?
2.2 Warum wollen nur noch wenige Menschen 150 Jahre alt werden?
2.3 Warum riskieren Greenpeace-Leute Kopf und Kragen?
2.4 Warum arbeitet Barbara im Altersheim?
2.5 Warum arbeitet Schwester Andrea in den Slums von Kalkutta?
2.6 Warum sehen Jugendliche und Erwachsene Lebensziele unterschiedlich?

B. Der Mensch in Gemeinschaft mit anderen

1. Nachdenken über die Bedeutung von Autorität
1.1 Autorität - oh weija oder oh ja?
1.2 Kann man Autorität kaufen oder lernen?
2. Selbstständig werden und Verantwortung übernehmen
2.1 Warum wird man nicht von heute auf morgen selbstständig?
2.2 Wie werden junge Leute mit ihren neuen Freiheiten fertig?
2.3 Anpacken ist besser als „aussteigen"
3. Schuldig werden und Schuld loswerden
3.1 Wie werden Menschen schuldig?
3.2 Wovon ist die Schwere der Schuld abhängig?
3.3 Peter hat Probleme
3.4 Wie wird in den verschiedenen Religionen der Mensch von Schuld befreit?

Danksagung und Hinweise auf Literatur

Ethik 8
Nr. 324 *146* Seiten DM 31,80

Vorwort

Der Ethikunterricht stebt an, die Schüler zu werteinsichtigem Urteilen und verantwortungsbewusstem Handeln zu befähigen. Sie sollen im Unterricht moralische Grundsätze kennenlernen, die sie vor ihrem Gewissen verantworten können. Dabei geht es um Gewissensbildung und Gewissensentwicklung. Ihre eigenen Wünsche nach individueller Entfaltung sollen die Schüler nicht isoliert sehen, sondern sich der damit verknüpften Bedingungen bewusst werden. Sie sollen einsehen, dass individuelle und soziale Verpflichtungen bzw. die Einhaltung bestimmter Normen das Leben des einzelnen und das Leben in der Gemeinschaft bestimmen.

Auf der Basis von konkreten Beispielen und unter Einbeziehung der eigenen Lebenserfahrungen sollen die Schüler darüber hinaus im Beobachten des eigenen Verhaltens gefordert und zu kritischer Stellungnahme darüber angeleitet werden. Die Schüler können in einem erfahrungsbezogenen Ethikunterricht auf diese Weise erkennen, dass eine dialogische Verständigung mit den Handlungspartnern eine wichtige Grundlage für ein möglichst konfliktfreies Zusammenleben mit anderen Menschen ist. Zur Gewinnung von Einsichten werden Text- und Bildinterpretation abwechselnd eingeübt sowie Problemfälle exemplarisch behandelt.

Die Schüler sollen angeregt werden, ihr eigenes Verhalten zu beobachten und darüber nachzudenken, ob es im Hinblick auf ihre eigenen Interessen zugleich den Interessen anderer angemessen ist. Sie sollen erkennen, dass es für die Bewältigung von Konflikten verschiedenartige Handlungsmöglichkeiten gibt und dass gewaltfreie Lösungen häufig mühsam, grundsätzlich jedoch erfolgreicher sind.

Bei der Planung und Durchführung konkreter Projekte erfahren die Schüler die Bedeutung von Fairness, Verantwortung und Kooperation für gemeinsames Handeln.

Soweit die Aufgaben und Zielsetzungen der amtlichen Lehrpläne, in Kürze zusammengefasst. Und wie sieht die konkrete Umsetzung im Unterricht aus?

Der Intention, sich mit Wertvorstellungen kritisch auseinanderzusetzen, verpflichtet, versucht diese pb-Handreichung ethische Fragen im Unterricht aufzugreifen, die für die Lebensbewältigung wichtig sind. Deshalb gehen die Materialien von lebensnahen, konkreten Fallbeispielen und Situationen aus. Sie fordern die Schüler zu Interpretation und Analyse, zu begründeten Wertungen und Handlungsentscheidungen auf. Sachgerechte, fassbare Informationen zu einem klaren und vertieften Wissen um bejahenswerte Lebensziele und Handlungsweisen stehen im Vordergrund. Dem Lehrer bleibt es letztlich überlassen, genügend Freiraum für offene, zielgerichtete und wertende Gespräche zu schaffen. Darin kann der Schüler seine Erkenntnisse formulieren, mit ihrer Hilfe ethische Handlungsmöglichkeiten für Lebenssituationen finden und Folgerungen für das eigene Leben bedenken. Ebenso wichtig wie die verstandesmäßige und emotionale Erschließung von Werten ist für das Erreichen der Lernziele das Üben sozialen Verhaltens und vor allem das Vorbild des Erziehers.

Unser Konzept sieht deshalb so aus:

Zum Ethik-Unterricht in der Jahrgangsstufe 5 haben wir ein Unterrichtskompendium zusammengestellt, das entsprechend den neuen Lehrplänen eine Auswahl von didaktisch-methodisch aufbereiteten Materialien anbietet, die vielfältig in Schule und Unterricht einsetzbar sind. Arbeitsblätter mit Lösungen, Folienvorlagen und Lesetexte meist mit Fragenkatalog sind eine willkommene Ergänzung zu einer motivierenden, schüler- und fachorientierten Unterrichtsarbeit. Ob Motivation oder Erarbeitung, Zusammenfassung oder Wiederholung, ob Sicherung, Vertiefung oder Transfer - die Unterrichtsunterlagen eignen sich für alle Stufen einer Lerneinheit. Sie sind fast beliebig einsetzbar in Einzel-, Partner- oder Gruppenarbeit, in Freiarbeit und zur Differenzierung, als vorbereitende Hausaufgabe oder Nacharbeit, als Lernzielkontrolle für den Stoff der vorausgegangenen Stunde. Die Lösungsangaben sind vielfach auch als Tafelanschrift, die Bildmaterialien als Vorlage für Klassengespräch und Diskussion verwendbar. Den Materialien sind jeweils Übersichtsblätter vorangestellt, die über Lernziele, Lerninhalte, Lernsequenz und methodischen Einsatz der Materialien berichten. Durchgängig werden folgende Symbole verwendet:

- ✍ schriftliche Arbeitsaufträge, aufschreiben, notieren, ergänzen, in Beziehung setzen
- ☺ interaktive Lernformen, Partner-/Gruppenarbeit, Meinungsaustausch, Gespräch, Diskussion
- ♈ Klassenvortrag, Referat, Ausstellung, gestalterische Aktivitäten, Textproduktion, kleben, ✂
- ♉ Erkenntnisgewinnung, Erkenntnisformulierung, Transfer, Vertiefung, Anwendung

Die angebotenen Handreichungen können allerdings nicht alle Lehrplanziele abdecken. Sie wollen nicht mehr sein als Anregung und Ergänzung für Ihre eigene Unterrichtsvorbereitung.

Viel Spaß und Erfolg im Unterricht wünschen   Autor und pb-Verlag Puchheim

Zeichnungen, Grafiken:
deike-press, creative collection, ideen-archiv, pb-Bildarchiv,
Sabrina Grünauer, Karl H. Grünauer

Lay out, Konzept:
Karl H. Grünauer

Für die Bereitstellung von Textmaterial danken wir:
Redaktion "Weite Welt" und Pater Joachim Gloger, Steyler Pressevertrieb
Religionspädagogisches Seminar Bayern, Handreichungen
Erich und Hildegard Bulitta, Volksbund Deutscher Kriegsgräberfürsorge
Ursula Maeghs-Schröter
Peter Plittersdorf, "Die Selbstverwirklichung der Anita P."
in : PZ Nr. 50/1987, S. 33
Dr. Friedrich Arnold, Bayerisches Kultusministerium München
Anne Urbauer, Abeendzeitung München
CARITAS-Verband München
MISEREOR Aachen
Mission aktuell
UNICEF
Zeitschrift "Junge Zeit"
Aric Brauer, Wien

Inhalt: Miteinander leben und lernen - einander helfen

Wahrnehmen von Personen

❶ Personenwahrnehmung ... 7
Stärken und Schwächen - wie nehme ich sie bei anderen wahr? ... 8
Wie nehmen wir Dinge wahr? ... 13
Vorurteile erkennen - Wie kommt man Vorurteilen aud die Spur? ... 15
Wie und warum entstehen Vorurteile? ... 19
Wer gibt Vorurteile weiter? ... 21
Vorurteile sind Pauschalurteile! ... 23
Schwierige Situationen beobachten und einschätzen lernen! ... 25

❷ Folgerungen aus der Personenwahrnehmung
Achtsam miteinander umgehen (1): Wie Konflikte entstehen? ... 29
Achtsam miteinander umgehen (2): Konflikte vermeiden ... 31
Miteinander rücksichtsvoll umgehen: Umgangsformen ... 33

Miteinander leben und lernen

❶ Der Einzelne vor dem eigenen Urteil ... 35
Kein Mensch ist vollkommen - Jeder hat Stärken und Schwächen ... 36
Sollen wir einem Idealbild entsprechen? ... 37
Garantiert Erfolg in der Schule auch Erfolg im Leben? ... 38
Was gibt mir Mut - was gibt mir Hoffnung? ... 39
Ich möchte lernen und verstehen - Wer unterstützt mich? ... 41
Test: Überprüfe deine Arbeit in der Schule ... 43
Sich selbst kritisch prüfen - wie geht das? ... 45
Selbstkritik - wer übt sie gerne gegen sich selbst? ... 47
Warum fällt Selbstkritik so schwer? ... 49

❷ Der Einzelne und das Urteil anderer
Wie finde ich meine Rolle als ...? ... 51
Persönliche Entfaltung erfordert Kompromissbereitschaft ... 53
Miteinander leben ist nicht immer leicht! ... 54

Verantwortung für Kinder in schwierigen Situationen

❶ Kinder bei uns und in anderer Ländern ... 55
Kinder im Krieg ... 56
Worunter Kinder in aller Welt leiden ... 57
Behinderte haben Probleme ... 59
Wie hat Helen Keller ihr Leben gemeistert? ... 61
Wege aus einer wortlosen Welt ... 63

Wir haben Verantwortung gegenüber behinderten Kindern	65
Die schwierige Situation von behinderten und kranken Kindern nachempfinden können	67
Behinderten Kinder helfen - aber wie?	69
Hilfe durch Handel(n)	71
Steyler Missionare berichten von einer philippinischen Insel	74
Kinder brauchen Hilfe (auch bei uns!)	75

Soziale Verantwortung: anderen in Not helfen

❶ Der Einzelne als Helfer — 77

"Das Schlimme ist, dass unsere Arbeit nichts bessert!"	78
Warum arbeitet Barbara im Altenheim? - Menschliche Probleme	79
Wie hilft der CARITAS-Verband Not leidenden Menschen?	83
Brauchen Behinderte Hilfe nur vom Staat?	85
Warum brauchen ausländische Mitbürger unsere Hilfe?	86
Helfen - aber wie? - Die "Ameise" im Land der Mapuche	87
Wie hilft die Kirche in aller Welt?	93
Sehen, wo Hilfe gebraucht wird!	95
"Wie kann Gott so viel Leid zulassen?"	96
Warum arbeitet Schwester Andrea in den Slums von Kalkutta?	99
Wie hilft UNICEF?	101
Misereor hilft in der ganzen Welt	107

❷ Der Einzelne als hilfsbedürftige Person — 108

Telefonseelsorge - warum?	109

Wahrnehmen von Personen und Gütern

❶ Naturwahrnehmung und Personenwahrnehmung

Verständnis für die Bedeutung der Wahrnehmung für das menschliche Erkennen und Handeln
Erfahren, dass die Wahrnehmung von Gegenständen, Personen und Handlungen zu unterschiedlichen Ergebnissen in der Bewertung führen kann

- Stärken und Schwächen – wie nehme ich sie bei anderen wahr? AB, Texte
- Stärken und Schwächen beim anderen falsch wahrnehmen AB, Bild
- Wie nehmen wir Dinge wahr? AB
- Vorurteile erkennen AB, Bild,
- Wie kommt man Vorurteilen auf die Spur? AB, Bilder
- Wie und warum entstehen Vorurteile? AB, Bilder
- Wer gibt Vorurteile weiter? AB, Bilder
- Vorurteile sind Pauschalurteile AB, Bilder
- Schwierige Situationen beobachten und einschätzen lernen AB, Text

Übungen der Sinneswahrnehmung mit riechen, schmecken, tasten, hören, sehen
Gespräch über die Frage: Nehmen andere das gleiche wahr?
Wahrnehmungsschulung und Gespräch über Wahrnehmungsverzerrungen
Projektarbeit: Nennen von besonders wertvollen Gütern – Warum sind sie mir so viel wert?
Diskussion über die Gefahren der Reizüberflutung: Wie viele Informationen kann der Mensch überhaupt verarbeiten?

❷ Folgerungen aus der Personen- und Güterwahrnehmung

Einsicht, mit eigenen Wahrnehmungen behutsam umzugehen, Vorurteile gegenüber Personen zu erkennen und abzubauen
Anwendung guter Umgangsformen

- Achtsam miteinander umgehen (1): Wie Konflikte entstehen? AB, Bilder, Texte
- Achtsam miteinander umgehen (2): Konflikte vermeiden AB, Bilder, Texte
- Miteinander rücksichtsvoll umgehen: Umgangsformen AB, Bilder, Texte

Sammeln von Gründen für einen achtsamen Umgang miteinander
in Einzel-, Partner- und/oder Gruppenarbeit
durch Text- und/oder Bildanalyse, Beantwortung von Fragen, Zuordnungsübungen, Text- und Bildgestaltung, Merksatzfindung, Ausstellung u. a.

| ETHIK | Name: | Klasse: | Datum: | Nr. |

Stärken und Schwächen - wie nehme ich sie bei anderen wahr?

Lies die beiden Texte und versuche dann die passenden Begriffe für den Lückentext zu finden!

Text 1:

Er schaut ganz kurz nur deine Hand an
und denkt, die Haut ist viel zu braun.
Er will nicht wissen, was du noch kannst
er schenkt nur hellen Händen Vertraun
Es könnte sein, dass grade diese Hand
heute Abend Geige spielt.
Es könnte sein, dass gerade dieser Klang
sein laues Herz aufwühlt.

Er sieht nur schwarz und weiß die ganze Welt,
die Zwischentöne sieht er nicht.
Weil ihm das Schwarz und Weiß viel leichter fällt,
er hat zu wenig Licht.

Er schaut ganz kurz nur dein Gesicht an
und denkt, die Nase ist viel zu krumm.
Er will nicht wissen, was du alles weißt,
er schaut sich nicht einmal nach dir um.
Es könnte sein, dass grade das die Nase von dem Doktor ist
der heute Nacht die erste Hilfe bringt,
wenn er unterm Auto liegt.

Er sieht nur schwarz und weiß die ganze Welt,
die Zwischentöne sieht er nicht.
Weil ihm das Schwarz und Weiß viel leichter fällt,
er hat zu wenig Licht.

Er schaut ganz kurz nur deinen Kopf an
und denkt, der Schopf ist viel zu lang.
Er will nicht wissen, wer du bist
und denkt, du hast zum Bösen einen Hang.
Es könnte sein, dass gerade diesen Schopf
morgen früh die Muse küsst.
Es könnte sein, dass grade das der Kopf
vom Messias ist.

Er sieht nur schwarz und weiß die ganze Welt,
die Zwischentöne sieht er nicht.
Weil ihm das Schwarz und Weiß viel leichter fällt,
er hat zu wenig Licht.

Schwarz und Weisz, von Aric Brauer

Text 2:

Es war einmal ein Junge, der war wie alle anderen Jungen, bis zu dem Tag, als er zur Schule kam. Da begann er zu stottern. Es fiel gleich am ersten Schultag auf, als er seinen Namen sagen sollte. »Wie heißt du?« fragte die Lehrerin. Der Junge saß in der hintersten Bank und blickte über die Köpfe der Schüler hinweg zur Lehrerin, die vorne am Pult stand. Er war ziemlich groß, aber schmächtig und scheu. Ist meine Stimme wohl stark genug, fragte er sich, dass sie über die vielen Bankreihen hinweg nach vorne dringt? Seine Handflächen schwitzten. Er begann, so laut er konnte: "Ha-". Er stockte, setzte dann nochmals an: "Ha-Ha" weiter kam er nicht. Die Köpfe der Jungen und Mädchen flogen herum. Der Junge sah in dreißig Gesichter, die gerne lachen wollten. " Ha-Ha-Haa" versuchte er es nochmals. " Ha-Ha-Ha! " lachten die Kinder. Es klang wie ein Echo.
Von diesem Tag an nannten sie ihn den Ha-Ha. Richtig hieß der Junge Harald Haltmeier. Es war ein langer Name.
Wenn der Junge ihn aussprechen sollte, stolperte er über ihn wie über unsichtbare Stelzwurzeln. Die Kinder lachten dann jedesmal. Wenn Harald aufgerufen wurde, blickten sie erwartungsvoll nach hinten. Sie warteten gespannt, bis er einen Fehler machte. Die Lehrerin zeigte auf ein Bild, auf dem ein schwarzer Junge unter einer Palme stand. "Wo wohnt dieses Kind?" fragte sie. "Bitte, Harald?" " In A-Af-Af-rika", stotterte Harald. " Aff, Aff " brüllten die Schüler. Sie lachten jetzt schon viel lauter als am ersten Tag, wo selbst die Frechsten noch ein bisschen zahm gewesen waren. Sie dachten sich nichts Böses, sie dachten sich nichts Gutes dabei. Sie dachten sich überhaupt nichts. Die schlimmsten Dinge entstehen oft gerade dadurch, dass man sich überhaupt nichts denkt. Je lauter sie lachten, um so mehr fürchtete sich Harald. Je mehr er sich fürchtete, um so ärger stotterte er. Und je ärger er stotterte, um so lauter lachten die Schüler. Harald getraute sich jetzt kaum mehr, in der Sdule den Mund aufzutun. In der Pause stand er allein. "Spielt niemand mit Harald?" fragte die Lehrerin. Die Kinder zuckten die Achseln. "Er stottert ja so schrecklich; der Ha-Ha", sagten sie. "Was sollen wir denn mit dem?" Wussten sie, dass er auswendig einen Löwen zeichnen konnte samt dazugehörigem Tierbändiger? Dass er vier Meter weit spucken konnte? Dass er ganz gerne in der Pause seinen Kaugummi geteilt hätte? Nichts von all dem wussten sie. Sie wussten nur, dass er stotterte.

Der Ha-Ha, von Eveline Hasler

Lückenwörter: *Schutz-Hilfe-überrascht-bewusst-zugetraut-falsch-leicht*

Übrigens:

Manchmal erkennen wir bei unseren Mitschülern Stärken und Schwächen, Wünsche, Hoffnungen und Ängste_____. Oft aber schätzen wir unsere Mitschüler_____ein. Nicht selten ist man von den Fähigkeiten des anderen sogar_____. Das hätte man ihm niemals_____!

Die Geschichte von Harald (der "Ha-Ha") zeigt uns deutlich:

Wir müssen Wünsche, Hoffnungen und Ängste anderer_____wahrnehmen. Jeder Mensch hat Stärken und Schwächen. Auch der Schwächere braucht_____und_____.

| ETHIK | Name: | Klasse: | Datum: | Nr. |

Stärken und Schwächen beim anderen falsch wahrnehmen

Text 1:
Er schaut ganz kurz nur deine Hand an
und denkt, die Haut ist viel zu braun.
Er will nicht wissen, was du noch kannst
er schenkt nur hellen Händen Vertraun
Es könnte sein, dass grade diese Hand
heute Abend Geige spielt.
Es könnte sein, dass gerade dieser Klang
sein laues Herz aufwühlt.

Er sieht nur schwarz und weiß die ganze Welt,
die Zwischentöne sieht er nicht.
Weil ihm das Schwarz und Weiß viel leichter fällt,
er hat zu wenig Licht.

Er schaut ganz kurz nur dein Gesicht an
und denkt, die Nase ist viel zu krumm.
Er will nicht wissen, was du alles weißt,
er schaut sich nicht einmal nach dir um.
Es könnte sein, dass grade das die Nase von dem Doktor ist
der heute Nacht die erste Hilfe bringt,
wenn er unterm Auto liegt.

Er sieht nur schwarz und weiß die ganze Welt,
die Zwischentöne sieht er nicht.
Weil ihm das Schwarz und Weiß viel leichter fällt,
er hat zu wenig Licht.

Er schaut ganz kurz nur deinen Kopf an
und denkt, der Schopf ist viel zu lang.
Er will nicht wissen, wer du bist
und denkt, du hast zum Bösen einen Hang.
Es könnte sein, dass gerade diesen Schopf
morgen früh die Muse küsst.
Es könnte sein, dass grade das der Kopf
vom Messias ist.

Er sieht nur schwarz und weiß die ganze Welt,
die Zwischentöne sieht er nicht.
Weil ihm das Schwarz und Weiß viel leichter fällt,
er hat zu wenig Licht.

Schwarz und Weisz, von Aric Brauer

Arbeitsaufgaben:
Kreuze an!

❶ Gib dem "**Er**" im Liedtext von Aric Brauer einen Namen!
☐ der Unbekannte
☐ der Fremde, der durch die Straßen geht und die Leute nur nach dem Äußerlichen beurteilt
☐ der Unbekannte, der keine Vorurteile hat

❷ Was gefällt dem "**Er**" nicht bei den Vorübergehenden?
☐ braune Haut
☐ helle Haut
☐ krumme Nase
☐ schöne Nase
☐ kurze Haare
☐ lange Haare

❸ Wie teilt "**Er**" die Menschen ein?
☐ in schwarz und bunt
☐ in schwarz und weiß
☐ in schwarz und grau

❹ Was sieht "**Er**" nicht?
☐ die Fähigkeiten von Menschen, die nicht auf den ersten Blick erkennbar sind
☐ die Zwischentöne, die das Leben auf der Welt erst farbig machen
☐ das menschliche Miteinander

❺ Was heißt, die Welt nur in **schwarz und weiß** zu sehen?
☐ Gegensätze herausstellen
☐ Gemeinsamkeiten nennen
☐ Feindbilder aufbauen
☐ Freundschaften pflegen
☐ Unterschiede betonen
☐ trennen und teilen um jeden Preis
☐ vorverurteilen

| ETHIK | Name: | Klasse: | Datum: | Nr. |

Lösung: Stärken und Schwächen beim anderen falsch wahrnehmen

Text 1:

Er schaut ganz kurz nur deine Hand an
und denkt, die Haut ist viel zu braun.
Er will nicht wissen, was du noch kannst
er schenkt nur hellen Händen Vertraun
Es könnte sein, dass grade diese Hand
heute Abend Geige spielt.
Es könnte sein, dass gerade dieser Klang
sein laues Herz aufwühlt.

Er sieht nur schwarz und weiß die ganze Welt,
die Zwischentöne sieht er nicht.
Weil ihm das Schwarz und Weiß viel leichter fällt,
er hat zu wenig Licht.

Er schaut ganz kurz nur dein Gesicht an
und denkt, die Nase ist viel zu krumm.
Er will nicht wissen, was du alles weißt,
er schaut sich nicht einmal nach dir um.
Es könnte sein, dass grade das die Nase von dem Doktor ist
der heute Nacht die erste Hilfe bringt,
wenn er unterm Auto liegt.

Er sieht nur schwarz und weiß die ganze Welt,
die Zwischentöne sieht er nicht.
Weil ihm das Schwarz und Weiß viel leichter fällt,
er hat zu wenig Licht.

Er schaut ganz kurz nur deinen Kopf an
und denkt, der Schopf ist viel zu lang.
Er will nicht wissen, wer du bist
und denkt, du hast zum Bösen einen Hang.
Es könnte sein, dass gerade diesen Schopf
morgen früh die Muse küsst.
Es könnte sein, dass grade das der Kopf
vom Messias ist.

Er sieht nur schwarz und weiß die ganze Welt,
die Zwischentöne sieht er nicht.
Weil ihm das Schwarz und Weiß viel leichter fällt,
er hat zu wenig Licht.

Schwarz und Weisz, von Aric Brauer

Arbeitsaufgaben:
Kreuze an!

❶ Gib dem "**Er**" im Liedtext von Aric Brauer einen Namen!
■ der Unbekannte
■ der Fremde, der durch die Straßen geht und die Leute nur nach dem Äußerlichen beurteilt
☐ der Unbekannte, der keine Vorurteile hat

❷ Was gefällt dem "**Er**" nicht bei den Vorübergehenden?
■ braune Haut
☐ helle Haut
■ krumme Nase
☐ schöne Nase
☐ kurze Haare
■ lange Haare

❸ Wie teilt "**Er**" die Menschen ein?
☐ in schwarz und bunt
■ in schwarz und weiß
☐ in schwarz und grau

❹ Was sieht "**Er**" nicht?
■ die Fähigkeiten von Menschen, die nicht auf den ersten Blick erkennbar sind
■ die Zwischentöne, die das Leben auf der Welt erst farbig machen
■ das menschliche Miteinander

❺ Was heißt, die Welt nur in **schwarz und weiß** zu sehen?
■ Gegensätze herausstellen
☐ Gemeinsamkeiten nennen
■ Feindbilder aufbauen
☐ Freundschaften pflegen
■ Unterschiede betonen
■ trennen und teilen um jeden Preis
■ vorverurteilen

| ETHIK | Name: | Klasse: | Datum: | Nr. |

Stärken und Schwächen beim anderen falsch wahrnehmen

Text 2:

Es war einmal ein Junge, der war wie alle anderen Jungen, bis zu dem Tag, als er zur Schule kam. Da begann er zu stottern. Es fiel gleich am ersten Schultag auf, als er seinen Namen sagen sollte. »Wie heißt du?« fragte die Lehrerin. Der Junge saß in der hintersten Bank und blickte über die Köpfe der Schüler hinweg zur Lehrerin, die vorne am Pult stand. Er war ziemlich groß, aber schmächtig und scheu. Ist meine Stimme wohl stark genug, fragte er sich, dass sie über die vielen Bankreihen hinweg nach vorne dringt? Seine Handflächen schwitzten. Er begann, so laut er konnte: "Ha-". Er stockte, setzte dann nochmals an: "Ha-Ha" weiter kam er nicht. Die Köpfe der Jungen und Mädchen flogen herum. Der Junge sah in dreißig Gesichter, die gerne lachen wollten. " Ha-Ha-Haa" versuchte er es nochmals. " Ha-Ha-Ha! " lachten die Kinder. Es klang wie ein Echo.

Von diesem Tag an nannten sie ihn den Ha-Ha. Richtig hieß der Junge Harald Haltmeier. Es war ein langer Name.

Wenn der Junge ihn aussprechen sollte, stolperte er über ihn wie über unsichtbare Stelzwurzeln. Die Kinder lachten dann jedesmal. Wenn Harald aufgerufen wurde, blickten sie erwartungsvoll nach hinten. Sie warteten gespannt, bis er einen Fehler machte. Die Lehrerin zeigte auf ein Bild, auf dem ein schwarzer Junge unter einer Palme stand. "Wo wohnt dieses Kind?" fragte sie. "Bitte, Harald?" " In A-Af-Af-rika", stotterte Harald. "Aff, Aff " brüllten die Schüler. Sie lachten jetzt schon viel lauter als am ersten Tag, wo selbst die Frechsten noch ein bisschen zahm gewesen waren. Sie dachten sich nichts Böses, sie dachten sich nichts Gutes dabei. Sie dachten sich überhaupt nichts. Die schlimmsten Dinge entstehen oft gerade dadurch, dass man sich überhaupt nichts denkt. Je lauter sie lachten, um so mehr fürchtete sich Harald. Je mehr er sich fürchtete, um so ärger stotterte er. Und je ärger er stotterte, um so lauter lachten die Schüler. Harald getraute sich jetzt kaum mehr, in der Sdule den Mund aufzutun. In der Pause stand er allein. "Spielt niemand mit Harald?" fragte die Lehrerin. Die Kinder zuckten die Achseln. "Er stottert ja so schrecklich; der Ha-Ha", sagten sie. "Was sollen wir denn mit dem?" Wussten sie, dass er auswendig einen Löwen zeichnen konnte samt dazugehörigem Tierbändiger? Dass er vier Meter weit spucken konnte? Dass er ganz gerne in der Pause seinen Kaugummi geteilt hätte? Nichts von all dem wussten sie. Sie wussten nur, dass er stotterte.

Der Ha-Ha, von Eveline Hasler

Arbeitsaufgaben:

Beantworte folgende Fragen aus dem Text!

❶ Warum nennen die Schüler Harald "Ha-Ha"?
_____

❷ Warum wird Harald zum Stotterer?
_____

❸ Welche Stärken hat Harald?
_____

❹ Welche Wünsche hat Harald?
_____

❺ Was wird Harald für die Zukunft hoffen?
_____

❻ Welchen Fehler machen Haralds Klassenkameraden?
_____

❼ Was könnten die Schüler zum Abbau der Ängste von Harald tun?
_____
_____

| ETHIK | Name: | Klasse: | Datum: | Nr. |

Lösung: **Stärken und Schwächen beim anderen falsch wahrnehmen**

Text 2:

Es war einmal ein Junge, der war wie alle anderen Jungen, bis zu dem Tag, als er zur Schule kam. Da begann er zu stottern. Es fiel gleich am ersten Schultag auf, als er seinen Namen sagen sollte. »Wie heißt du?« fragte die Lehrerin. Der Junge saß in der hintersten Bank und blickte über die Köpfe der Schüler hinweg zur Lehrerin, die vorne am Pult stand. Er war ziemlich groß, aber schmächtig und scheu. Ist meine Stimme wohl stark genug, fragte er sich, dass sie über die vielen Bankreihen hinweg nach vorne dringt? Seine Handflächen schwitzten. Er begann, so laut er konnte: "Ha-". Er stockte, setzte dann nochmals an: "Ha-Ha" weiter kam er nicht. Die Köpfe der Jungen und Mädchen flogen herum. Der Junge sah in dreißig Gesichter, die gerne lachen wollten. " Ha-Ha-Haa" versuchte er es nochmals. " Ha-Ha-Ha! " lachten die Kinder. Es klang wie ein Echo.

Von diesem Tag an nannten sie ihn den Ha-Ha. Richtig hieß der Junge Harald Haltmeier. Es war ein langer Name.

Wenn der Junge ihn aussprechen sollte, stolperte er über ihn wie über unsichtbare Stelzwurzeln. Die Kinder lachten dann jedesmal. Wenn Harald aufgerufen wurde, blickten sie erwartungsvoll nach hinten. Sie warteten gespannt, bis er einen Fehler machte. Die Lehrerin zeigte auf ein Bild, auf dem ein schwarzer Junge unter einer Palme stand. "Wo wohnt dieses Kind?" fragte sie. "Bitte, Harald?" " In A-Af-Af-rika", stotterte Harald. "Aff, Aff " brüllten die Schüler. Sie lachten jetzt schon viel lauter als am ersten Tag, wo selbst die Frechsten noch ein bisschen zahm gewesen waren. Sie dachten sich nichts Böses, sie dachten sich nichts Gutes dabei. Sie dachten sich überhaupt nichts. Die schlimmsten Dinge entstehen oft gerade dadurch, dass man sich überhaupt nichts denkt. Je lauter sie lachten, um so mehr fürchtete sich Harald. Je mehr er sich fürchtete, um so ärger stotterte er. Und je ärger er stotterte, um so lauter lachten die Schüler. Harald getraute sich jetzt kaum mehr, in der Sdule den Mund aufzutun. In der Pause stand er allein. "Spielt niemand mit Harald?" fragte die Lehrerin. Die Kinder zuckten die Achseln. "Er stottert ja so schrecklich; der Ha-Ha", sagten sie. "Was sollen wir denn mit dem?" Wussten sie, dass er auswendig einen Löwen zeichnen konnte samt dazugehörigem Tierbändiger? Dass er vier Meter weit spucken konnte? Dass er ganz gerne in der Pause seinen Kaugummi geteilt hätte? Nichts von all dem wussten sie. Sie wussten nur, dass er stotterte.

Der Ha-Ha, von Eveline Hasler

Arbeitsaufgaben:

Beantworte folgende Fragen zum Text!

❶ Warum nennen die Schüler Harald "Ha-Ha"?
Harald wird durch das Verspotten seiner Mitschüler zum Stotterer.
❷ Warum wird Harald zum Stotterer?
Die Schüler verstärken seine Unsicherheit, vor anderen laut zu sprechen.
❸ Welche Stärken hat Harald?
Er kann gut zeichnen, weit spucken und würde gerne mit anderen teilen.
❹ Welche Wünsche hat Harald?
Er würde gerne den Mitschülern seine Fähigkeiten zeigen.
❺ Was wird Harald für die Zukunft hoffen?
Er möchte ein gleichberechtigter, anerkannter und beliebter Mitschüler sein.
❻ Welchen Fehler machen Haralds Klassenkameraden?
Sie stempeln ihn zum Außenseiter, zum Klassenkasper ab.
❼ Was könnten die Schüler zum Abbau der Ängste von Harald tun?
Sie sollten Harald ruhig aussprechen lassen, ihm Zeit zum Sprechen geben, ihn ermuntern, ihn in die Klassengemeinschaft aufnehmen usw.

| ETHIK | Name: | Klasse: | Datum: | Nr. |

Wie nehmen wir Dinge wahr?

❶ Über unsere Sinnesorgane können wir vieles wahrnehmen, was um uns herum geschieht:
Male die passenden Begriffspaare in der gleichen Farbe!

| Auge | Tastsinn | Ohr | Zunge | Nase | schmecken | riechen | sehen | hören | tasten |

❷ Was können wir mit den Sinnesorganen wahrnehmen?
- ☐ _____
- ☐ _____
- ☐ _____

❸ Welche Wahrnehmungen kann die "Seele" eines Menschen machen? *Kreuze an!*
- ☐ Leid, Trauer und Tod ☐ Farben, Töne und Gerüche ☐ Freude, Liebe und Stolz
- ☐ Geschmack und Mode ☐ Mut, Verantwortung und Selbständigkeit ☐ das Gute und Böse ☐ Glück, Zufriedenheit und Treue ☐ Wünsche, Ängste und Hoffnungen

❹ Der Sänger Reinhard Mey singt im Lied "Über den Wolken":
*"Über den Wolken muss die Freiheit wohl grenzenlos sein,
alle Ängste, alle Sorgen, sagt man, blieben darunter verborgen
und dann: würde was hier groß und wichtig erscheint, plötzlich nichtig und klein!
Warum verzerren sich menschliche Wahrnehmungen?*
- ☐ _____
- ☐ _____
- ☐ _____
- ☐ _____
- ☐ _____

❺ Weil Menschen die Dinge auf der Welt unterschiedlich wahrnehmen, beurteilen sie auch die Dinge auf der Welt unterschiedlich. Jeder Mensch gewichtet den Wert der Dinge anders.
Was ist für dich wichtig?
- ☐ Glück ☐ Gesundheit ☐ Erfolg ☐ Freunde ☐ Geld ☐ Macht ☐ Freizeit
- ☐ Freiheit ☐ Liebe ☐ Arbeit ☐ Schule ☐ Sport ☐ Fernsehen

❻ Weil Menschen die Dinge auf der Welt unterschiedlich beurteilen, entscheiden sie sich auch bei der Auswahl der Güter. *Welche Dinge schätzt du besonders?*
- ☐ saubere Umwelt ☐ Frieden auf der Welt ☐ schnelle Autos ☐ treue Freunde ☐ vornehme Luxuswohnung ☐ sichere Arbeitsstelle ☐ unberührte Natur ☐ schöne Landschaft ☐ gute S-Bahnverbindung zur Stadt ☐ reiche Eltern ☐ hervorragende Noten ☐ gute Trainingsbedingungen beim Verein ☐ fair-play und Kameradschaft

❼ Wir müssen uns täglich entscheiden, welche Dinge für unser Leben wichtig sind. Dabei verarbeiten wir eine Vielzahl von Informationen. *Welche Gefahren gibt es dabei?*
- ☐ Manipulation durch die Werbung ☐ Reizüberflutung ☐ falsche Nachrichten

| ETHIK | Name: | Klasse: | Datum: | Nr. |

Lösung: Wie nehmen wir Dinge wahr?

❶ Über unsere Sinnesorgane können wir vieles wahrnehmen, was um uns herum geschieht:
Male die passenden Begriffspaare in der gleichen Farbe!

| Auge | Tastsinn | Ohr | Zunge | Nase | schmecken | riechen | sehen | hören | tasten |

❷ Was können wir mit den Sinnesorganen wahrnehmen?
☐ **Personen**
☐ **Situationen**
☐ **Sachen**

❸ Welche Wahrnehmungen kann die "Seele" eines Menschen machen? *Kreuze an!*
■ Leid, Trauer und Tod   ☐ Farben, Töne und Gerüche   ■ Freude, Liebe und Stolz
☐ Geschmack und Mode   ■ Mut, Verantwortung und Selbständigkeit   ■ das Gute und Böse   ■ Glück, Zufriedenheit und Treue   ■ Wünsche, Ängste und Hoffnungen

❹ Der Sänger Reinhard Mey singt im Lied "Über den Wolken":
*"Über den Wolken muss die Freiheit wohl grenzenlos sein,
alle Ängste, alle Sorgen, sagt man, blieben darunter verborgen
und dann: würde was hier groß und wichtig erscheint, plötzlich nichtig und klein!
Warum verzerren sich menschliche Wahrnehmungen?*
☐ **Jeder Mensch nimmt verschiedenartig die Dinge auf der Welt wahr.**
☐ **Von uns entfernt Liegendes erscheint oft unwichtig und klein.**
☐ **Uns nahe Liegendes erscheint groß und wichtig.**
☐ **Wenn uns Dinge persönlich betreffen, nehmen wir sie deutlich wahr.**
☐ **Wenn uns Dinge nicht persönlich betreffen, erscheinen sie uns oft unwichtig.**

❺ Weil Menschen die Dinge auf der Welt unterschiedlich wahrnehmen, beurteilen sie auch die Dinge auf der Welt unterschiedlich. Jeder Mensch gewichtet den Wert der Dinge anders.
Was ist für dich wichtig?
☐ Glück   ☐ Gesundheit   ☐ Erfolg   ☐ Freunde   ☐ Geld   ☐ Macht   ☐ Freizeit
☐ Freiheit   ☐ Liebe   ☐ Arbeit   ☐ Schule   ☐ Sport   ☐ Fernsehen

❻ Weil Menschen die Dinge auf der Welt unterschiedlich beurteilen, entscheiden sie sich auch bei der Auswahl der Güter. *Welche Dinge schätzt du besonders?*
☐ saubere Umwelt   ☐ Frieden auf der Welt   ☐ schnelle Autos   ☐ treue Freunde   ☐ vornehme Luxuswohnung   ☐ sichere Arbeitsstelle   ☐ unberührte Natur   ☐ schöne Landschaft   ☐ gute S-Bahnverbindung zur Stadt   ☐ reiche Eltern   ☐ hervorragende Noten   ☐ gute Trainingsbedingungen beim Verein   ☐ fair-play und Kameradschaft

❼ Wir müssen uns täglich entscheiden, welche Dinge für unser Leben wichtig sind. Dabei verarbeiten wir eine Vielzahl von Informationen. *Welche Gefahren gibt es dabei?*
☐ Manipulation durch die Werbung   ■ Reizüberflutung   ☐ falsche Nachrichten

| ETHIK | Name: | Klasse: | Datum: | Nr. |

Vorurteile erkennen

Schau, do liegt a Leich im Rinnsäu,
's Bluad rinnt in Kanäu!
Herst, des is makaba,
do liegt ja a Kadava!
Wer is'n des, kennst du den?
Bei dem zuschnidanan Gsicht
kaun i des net sehgn.
Da Hofa woars, vom Zwanzgahaus,
der schaut ma so vadächtig aus!
Da Hofa hod an Aunfoi kriagt
und hot de Leich do massakriat!
Do geht a Raunen durch de Leit,
und a jeder hod sei Freid.
Da Hofa woars, dar Sündenbock,
da Hofa, den wos kana mog!
Und da Haufn bewegt si vire,
hin zum Hofa seiner Türe.
Da schrein de Leit
Kum außa, Mörda, aus is heit! -
Geh, moch auf die Tia,
heit is aus mit dia,
weil für dei Vabrechn muaßd jetzt zoin!
Geh, kum außa do!
Mir drahn dar d Guagl o,
denn du host kane Freind,
die da d' Schdaungan holdn!
Meichlmörda, Leitschinda,
de Justiz woar heite gschwinda,
ois wos' d glaubst!
Also, Hofa, kommen S raus!
Und se pumpern aun de Tia,
und se mochn an Krawall ois wia,
und se tretatn's a glott ei,
tat de Hausmasterin net sei.
De sogt: Wos is ' n, meine Herrn,
dans ma do den Hausfriedn net störn,
denn eines weiß ich ganz gewiss:
dass de Leich da Hofa is'

Beantwortet folgende Fragen!

❶ Was fragen die Leute, als sie den toten Mann am Straßenrand sehen?
_____

❷ Warum können sie den Mann nicht erkennen?
_____

❸ Einer glaubt den Mörder zu erkennen! Er schreit:
_____

❹ Die Menschenmenge will Herrn Hofer ans Leder. Sie ruft:
_____
_____

❺ Doch die Hausmeisterin klärt auf:
_____

❻ Welche Aussagen passen zum Verhalten der Leute?
☐ Aus jeder Mücke einen Elefanten machen!
☐ Die Schuld immer beim anderen suchen!
☐ Stets die eigene Meinung überprüfen!

❼ Welche Lehren aus dem Text passen?
☐ Man sollte zuerst vor der eigenen Türe kehren!
☐ Man sollte Meinungen anderer überprüfen!
☐ Man sollte Vorurteile ungeprüft übernehmen!

**Da Hofa, aus der LP: „Alles andere zählt ned mehr".
Wolfgang Ambross**

(Lückenwörter: *Täter-Schuldigen-erkennen-nennen-abbauen-Vorurteilen-Launen-Stimmungen und der eigenen Unsicherheit*)

Übrigens:

Viele Probleme entstehen, weil wir den _____ oft beim anderen suchen.
Dabei lassen wir uns von _____ leiten.
Wir müssen Vorurteile gegenüber einzelnen Personen - und ganzen Völkern - _____ und _____ .

| ETHIK | Name: | Klasse: | Datum: | Nr. |

Lösung: Vorurteile erkennen

Schau, do liegt a Leich im Rinnsäu,
's Bluad rinnt in Kanäu!
Herst, des is makaba,
do liegt ja a Kadava!
Wer is'n des, kennst du den?
Bei dem zuschnidanan Gsicht
kaun i des net sehgn.
Da Hofa woars, vom Zwanzgahaus,
der schaut ma so vadächtig aus!
Da Hofa hod an Aunfoi kriagt
und hot de Leich do massakriat!
Do geht a Raunen durch de Leit,
und a jeder hod sei Freid.
Da Hofa woars, dar Sündenbock,
da Hofa, den wos kana mog!
Und da Haufn bewegt si vire,
hin zum Hofa seiner Türe.
Da schrein de Leit
Kum außa, Mörda, aus is heit! -
Geh, moch auf die Tia,
heit is aus mit dia,
weil für dei Vabrechn muaßd jetzt zoin!
Geh, kum außa do!
Mir drahn dar d Guagl o,
denn du host kane Freind,
die da d' Schdaungan holdn!
Meichlmörda, Leitschinda,
de Justiz woar heite gschwinda,
ois wos' d glaubst!
Also, Hofa, kommen S raus!
Und se pumpern aun de Tia,
und se mochn an Krawall ois wia,
und se tretatn's a glott ei,
tat de Hausmasterin net sei.
De sogt: Wos is ' n, meine Herrn,
dans ma do den Hausfriedn net störn,
denn eines weiß ich ganz gewiss:
dass de Leich da Hofa is'

Beantwortet folgende Fragen!

❶ Was fragen die Leute, als sie den toten Mann am Straßenrand sehen?
Wer ist denn das? Kennst du den?

❷ Warum können sie den Mann nicht erkennen?
Sein Gesicht ist zerschnitten.

❸ Einer glaubt den Mörder zu erkennen! Er schreit:
"Der Hofer war's vom Zwanzger-Haus"

❹ Die Menschenmenge will Herrn Hofer ans Leder. Sie ruft:
"Komm raus, du Mörder, aus ist es heut! Du musst für deine Verbrechen zahlen!"

❺ Doch die Hausmeisterin klärt auf:
Die Leiche ist der Herr Hofer selbst!

❻ Welche Aussagen passen zum Verhalten der Leute?
■ Aus jeder Mücke einen Elefanten machen!
■ Die Schuld immer beim anderen suchen!
☐ Stets die eigene Meinung überprüfen!

❼ Welche Lehren aus dem Text passen?
■ Man sollte zuerst vor der eigenen Türe kehren!
■ Man sollte Meinungen anderer überprüfen!
☐ Man sollte Vorurteile ungeprüft übernehmen!

Da Hofa, aus der LP: „Alles andere zählt ned mehr".
Wolfgang Ambross

(Lückenwörter: *Täter-Schuldigen-erkennen-nennen-abbauen-Vorurteilen-Launen-Stimmungen und der eigenen Unsicherheit*)

Übrigens:

Viele Probleme entstehen, weil wir den *Schuldigen* oft beim anderen suchen.
Dabei lassen wir uns von *Vorurteilen, Launen, Stimmungen und der eigenen Unsicherheit* leiten.
Wir müssen Vorurteile gegenüber einzelnen Personen
- und ganzen Völkern - *erkennnen* und *abbauen* .

| ETHIK | Name: | Klasse: | Datum: | Nr. |

Wie kommt man Vorurteilen auf die Spur?

Ganz "Schlaue" wissen natürlich "sofort" und "immer" Bescheid, wie ihr Gegenüber ist, wenn sie einen Menschen beim ersten Mal treffen, sehen oder von ihm hören.

Seht Euch die Köpfe an und urteilt über die Menschen!
- *Wie sind sie?*
- *Welche Eigenschaften ordnest du ihnen zu?*
- *Sind sie intelligent?*

Meine Meinung zu:

Jenny: ☐   Fridolin: ☐   Uschi: ☐

Willibald: ☐   Josefa: ☐   Frank-Theophil: ☐

Ein Mensch wird oft auf Grund von _____ beurteilt.
Diese können _____ (körperlich) oder _____ sein (z.B. lange Haare).
„Man" schafft sich ein Bild von ihm und ordnet ihm _____ zu, die er _____ haben soll.

Auffällige körperliche Merkmale, die vorurteilsartige Reaktionen auslösen können:
_____

Auffällige veränderliche Kennzeichen, die vorurteilsartige Reaktionen auslösen können:
_____

Überlegt!
- Ist es überhaupt möglich, Charaktereigenschaften eines Menschen auf Grund von Äußerlichkeiten zu beurteilen?
- Können bei der Erstbeurteilung Fehler auftreten? Welche? Warum?
- Berichtet über eure eigene Situation!

Übrigens:

Wir sollten vorsichtig sein, wenn wir einen Menschen auf Grund seines Äußeren charakterisieren. Vor allem sollten wir ihn nicht _____, schon gar nicht _____, denn dann ist es immer ein _____ ! Auch „fürchterlich" aussehende Menschen können einen guten „Kern" haben.
(Lückenwörter: *Vorteile-Vorurteil-verachten-vertrauen-verurteilen-vorzeitig-später*)

ETHIK	Name:	Klasse:	Datum:	Nr.

Lösung: Wie kommt man Vorurteilen auf die Spur?

Ganz "Schlaue" wissen natürlich "sofort" und "immer" Bescheid, wie ihr Gegenüber ist, wenn sie einen Menschen beim ersten Mal treffen, sehen oder von ihm hören.

Seht Euch die Köpfe an und urteilt über die Menschen!
- *Wie sind sie?*
- *Welche Eigenschaften ordnest du ihnen zu?*
- *Sind sie intelligent?*

Meine Meinung zu:

Jenny: Fridolin: Uschi:

Willibald: Josefa: Frank-Theophil:

Ein Mensch wird oft auf Grund von _Äußerlichkeiten_ beurteilt.
Diese können **unveränderlich** (körperlich) oder **veränderbar** sein (z.B. lange Haare).
„Man" schafft sich ein Bild von ihm und ordnet ihm _Eigenschaften_ zu, die er _angeblich_ haben soll.

Auffällige körperliche Merkmale, die vorurteilsartige Reaktionen auslösen können:
**Form der Nase, O-Beine, Brille usw.**

Auffällige veränderliche Kennzeichen, die vorurteilsartige Reaktionen auslösen können:
**Kleidung, Haartracht usw.**

Überlegt!
- Ist es überhaupt möglich, Charaktereigenschaften eines Menschen auf Grund von Äußerlichkeiten zu beurteilen?
- Können bei der Erstbeurteilung Fehler auftreten? Welche? Warum?
- Berichtet über eure eigene Situation!

Übrigens:

Wir sollten vorsichtig sein, wenn wir einen Menschen auf Grund seines Äußeren charakterisieren. Vor allem sollten wir ihn nicht _**verurteilen**_, schon gar nicht _**vorzeitig**_, denn dann ist es immer ein _**Vorurteil**_! Auch „fürchterlich" aussehende Menschen können einen guten „Kern" haben.

(Lückenwörter: *Vorteile-Vorurteil-verachten-vertrauen-verurteilen-vorzeitig-später*)

| ETHIK | Name: | Klasse: | Datum: | Nr. |

Wie und warum entstehen Vorurteile?

Der erste Eindruck von einem Punker führt zu einem eigenen Urteil.
_____
_____
_____
_____

Bringt Beispiele, wie der erste Eindruck zu einem Vorurteil geführt hat!

Übrigens: Lückenwörter: *Menschen-Eigenschaften-Abneigung*
Vorurteile beziehen sich immer nur auf _____ .
Wenn wir eine Sache nicht mögen, sprechen wir von _____ .
Manchmal wird auch von Vorurteilen gegenüber Tieren gesprochen,
denen dann bestimmte _____ zugeordnet werden.

☐ *Wie sind Vorurteile? Ergänzt mit passenden Begriffen!*

Vor-urteile sind:

Übrigens: Lückenwörter: *negativ-positive-unüberlegt-verallgemeinert-Eigenschaften*
Bei einem Vorurteil werden einem Menschen oder einer Gruppe bestimmte _____
zugesprochen. Diese sind meist _____ . Es gibt aber auch _____ Vorurteile.
Vorurteile sind häufig _____ .
Es wird dabei _____ :
Alle Mitglieder einer Gruppe oder sogar eines Volkes haben dann eben diese Eigenschaften.

Wir machen es uns dabei leicht, weil... *Streiche Falsches weg!*
☐ wir nicht selbst nachdenken/selbst nachdenken
☐ wir eine fremde/eigene Meinung übernehmen
☐ wir pauschal/differenziert urteilen

❶ *Denkt über diesen Satz nach! Ist etwas Wahres daran?*
Wenn wir Vorurteile übernehmen, fühlen wir uns in Sicherheit, weil wir nicht nachzudenken brauchen, ob das Urteil auch tatsächlich stimmt. Andere sind ja auch meiner Meinung!
❷ *Beschreibt das Bild rechts!*

| ETHIK | Name: | Klasse: | Datum: | Nr. |

Lösung: Wie und warum entstehen Vorurteile?

Der erste Eindruck von einem Punker führt zu einem eigenen Urteil.

schmutzige Kleidung
aggressives Auftreten
besonderer Haarschnitt
besonderes Gruppenverhalten

Bringt Beispiele, wie der erste Eindruck zu einem Vorurteil geführt hat!

Übrigens: Lückenwörter: *Menschen-Eigenschaften-Abneigung*
Vorurteile beziehen sich immer nur auf _**Menschen**_ .
Wenn wir eine Sache nicht mögen, sprechen wir von _**Abneigung**_ .
Manchmal wird auch von Vorurteilen gegenüber Tieren gesprochen,
denen dann bestimmte _**Eigenschaften**_ zugeordnet werden.

Wie sind Vorurteile? Ergänzt mit passenden Begriffen!

beleidigend
abscheulich
böse
kränkend
verletzend
menschenunwürdig

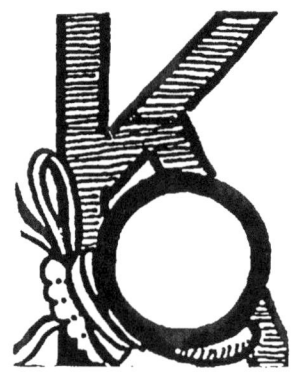

entwürdigend
demütigend
verachtend
pauschalisierend
abwertend
_o. ä._

Übrigens: Lückenwörter: *negativ-positive-unüberlegt-verallgemeinert-Eigenschaften*
Bei einem Vorurteil werden einem Menschen oder einer Gruppe bestimmte _**Eigenschaften**_
zugesprochen. Diese sind meist _**negativ**_ . Es gibt aber auch _**postive**_ Vorurteile.
Vorurteile sind häufig _**unüberlegt**_ .
Es wird dabei _**verallgemeinert**_ :
Alle Mitglieder einer Gruppe oder sogar eines Volkes haben dann eben diese Eigenschaften.

Wir machen es uns dabei leicht, weil ... *Streiche Falsches weg!*
☐ wir nicht selbst nachdenken/selbst nachdenken
☐ wir eine fremde/eigene Meinung übernehmen
☐ wir pauschal/differenziert urteilen
❶ *Denkt über diesen Satz nach! Ist etwas Wahres daran?*
Wenn wir Vorurteile übernehmen, fühlen wir uns in Sicherheit, weil wir nicht nachzudenken brauchen, ob das Urteil auch tatsächlich stimmt. Andere sind ja auch meiner Meinung!
❷ *Beschreibt das Bild rechts!*

| ETHIK | Name: | Klasse: | Datum: | Nr. |

Wer gibt Vorurteile weiter?

Was fällt euch spontan zu folgenden Personengruppen und Ländern ein? Berichtet auch, was andere darüber sagen. Sehr wichtig ist dabei die Meinung der ausländischen Mitschüler!

Meinungen über Gruppen:
Arbeitslose, Ostfriesen, Pazifisten, Politiker
Fußballprofi, Russen, Kapitalisten, Zigeuner
Penner, Die Grünen, Italiener, Asylbewerber
Kommunisten, Türken, alte Leute, Obdachlose
Schotten, Engländer, Bayern, Preußen

Meinungen über Länder:
Spanien, Japan, Österreich, Schweiz, China
Italien, Russland, Türkei, Amerika, Nordirland

aus der Tagespresse:
- Professor: Alle deutschen Männer sind "Schweine"!
- **Österreicher wollen keine "Piefkes" mehr!**
- *Zieht den Bayern die Lederhosen aus!*
- Das Letzte aus Ost-Friesland: Typisch Otto!
- Irak im Krieg mit Iran
- So sieht er aus: Deutschlands faulster Lehrer!
- Alle Zahnärzte sind Abkassierer!
- Beamte sitzen, sitzen, sitzen...
- **Schwarzer brutal misshandelt!**
- Rockerbande vergewaltigt junge Türkin
- Gibt es noch ehrliche Politiker?
- Richter beugen Recht
- Model im Drogenrausch

☐ Jeder (von uns) hat irgendeine ——————— über Menschen und Länder.
   Diese hat er selbst ——————— oder von anderen ———————.
   Sie kann ein ——————— sein.

Von wem werden Meinungen übernommen? Denkt nicht nur an Personen!

Medien:
☐ ———
☐ ———
☐ ———
☐ ———
☐ ———

Personen:
☐ ———
☐ ———
☐ ———
☐ ———

Meinungs-macher

Vorbilder

(Lösungswörter: *Meldungen-Meinungen-Medien-Eltern-Schule-Kritik-Nachprüfung-Mut*)

Übrigens:

Während unseres ganzen Lebens übernehmen wir ——————— .
Wir sollten dabei aber kritisch sein und
diese nicht ohne ——————— übernehmen.
Eine wichtige Rolle bei der eigenen Meinungsbildung und damit
bei der Weitergabe von Vorurteilen spielen
——————— und ———————, aber auch ——————— .

| ETHIK | Name: | Klasse: | Datum: | Nr. |

Lösung: Wer gibt Vorurteile weiter?

Was fällt euch spontan zu folgenden Personengruppen und Ländern ein? Berichtet auch, was andere darüber sagen. Sehr wichtig ist dabei die Meinung der ausländischen Mitschüler!

Meinungen über Gruppen:
Arbeitslose, Ostfriesen, Pazifisten, Politiker
Fußballprofi, Russen, Kapitalisten, Zigeuner
Penner, Die Grünen, Italiener, Asylbewerber
Kommunisten, Türken, alte Leute, Obdachlose
Schotten, Engländer, Bayern, Preußen

Meinungen über Länder:
Spanien, Japan, Österreich, Schweiz, China
Italien, Russland, Türkei, Amerika, Nordirland

aus der Tagespresse:
- Professor: Alle deutschen Männer sind "Schweine"!
- **Österreicher wollen keine "Piefkes" mehr!**
- *Zieht den Bayern die Lederhosen aus!*
- Das Letzte aus Ost-Friesland: Typisch Otto!
- Irak im Krieg mit Iran
- So sieht er aus: Deutschlands faulster Lehrer!
- Alle Zahnärzte sind Abkassierer!
- Beamte sitzen, sitzen, sitzen...
- **Schwarzer brutal misshandelt!**
- Rockerbande vergewaltigt junge Türkin
- Gibt es noch ehrliche Politiker?
- Richter beugen Recht
- Model im Drogenrausch

☐ Jeder (von uns) hat irgendeine _Meinung_ über Menschen und Länder.
Diese hat er selbst _erworben_ oder von anderen _übernommen_.
Sie kann ein _Vorurteil_ sein.

Von wem werden Meinungen übernommen? Denkt nicht nur an Personen!

Medien:
- ☐ _Zeitungen_
- ☐ _Fernsehen_
- ☐ _Radio_
- ☐ _Zeitschriften_
- ☐ _Bücher_

Meinungsmacher

Personen:
- ☐ _die uns nahe stehen_
- ☐ _von denen wir viel halten_
- ☐ _die berühmt sind_
- ☐ _die "informiert" sind_

Vorbilder

(Lösungswörter: *Meldungen-Meinungen-Medien-Eltern-Schule-Kritik-Nachprüfung-Mut*)

Übrigens:

Während unseres ganzen Lebens übernehmen wir _Meinungen_.
Wir sollten dabei aber kritisch sein und
diese nicht ohne _Nachprüfung_ übernehmen.
Eine wichtige Rolle bei der eigenen Meinungsbildung und damit
bei der Weitergabe von Vorurteilen spielen
Eltern und _Schule_, aber auch _Medien_.

| ETHIK | Name: | Klasse: | Datum: | Nr. |

Vorurteile sind Pauschalurteile!

typisch weiblich

man

Spasti!

die

eine Frau

die

alte

Alle

Zeit

typisch männlich

Vorurteile können dadurch entstehen, dass wir von anderen Menschen etwas _____, worüber diese sich bereits ein „Urteil" gebildet haben. Wir nehmen es dann als "_____" Urteil an. Wir denken, dass eine _____ dieser Meinung oder Einstellung nicht notwendig ist, da sie ja " stimmt ".

Gefährlich wird es allerdings, wenn sich dieses Werten und diese Meinung

_____

und nicht mehr

_____ werden.

Vorurteile werden durch Sprache, Texte, Musik und Bilder

_____ .

_____ immer diese Ausländer!

ETHIK

Vorurteile sind Pauschalurteile!

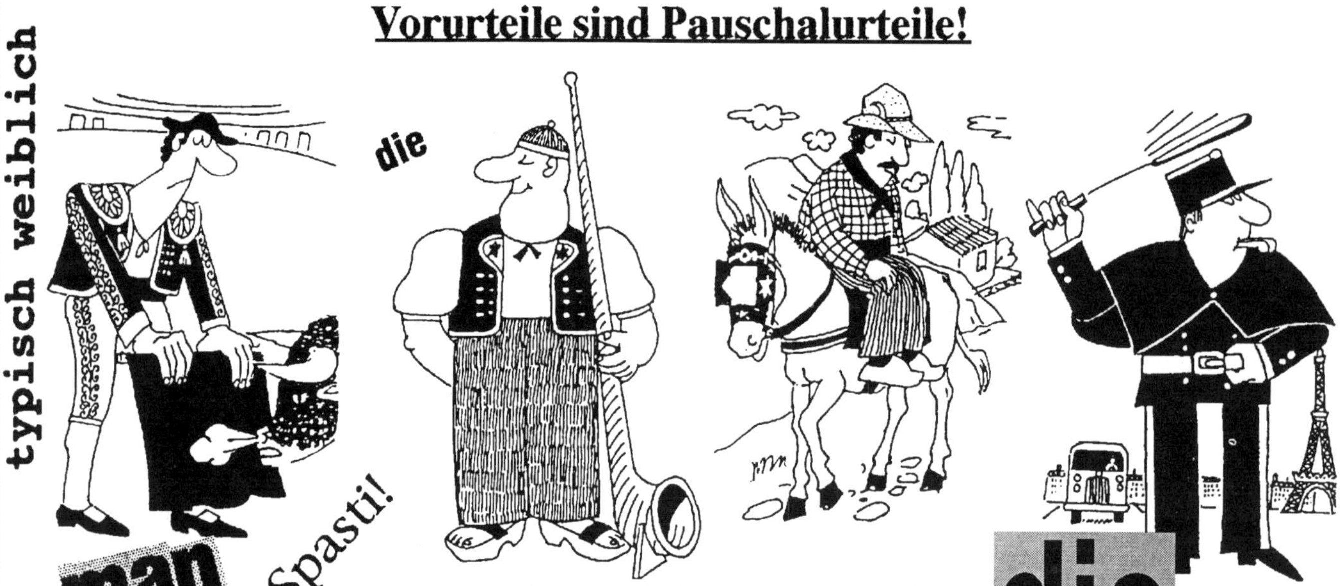

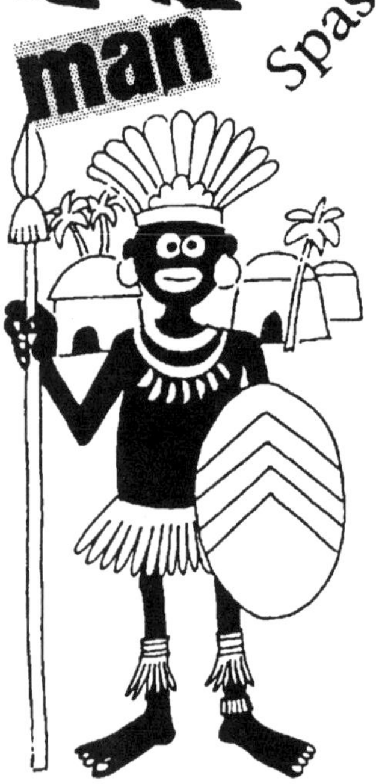

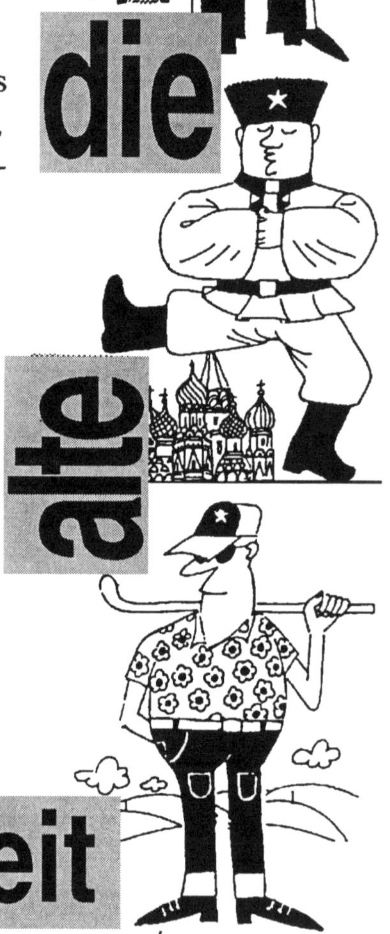

typisch weiblich

die

man

Spasti!

die

eine Frau

alte

Vorurteile können dadurch entstehen, dass wir von anderen Menschen etwas *hören*, worüber diese sich bereits ein „Urteil" gebildet haben. Wir nehmen es dann als "*eigenes*" Urteil an. Wir denken, dass eine *Überprüfung* dieser Meinung oder Einstellung nicht notwendig ist, da sie ja "stimmt".

Gefährlich wird es allerdings, wenn sich dieses Werten und diese Meinung *verfestigen* und nicht mehr *überprüft* werden. Vorurteile werden durch Sprache, Texte, Musik und Bilder *weitergegeben*.

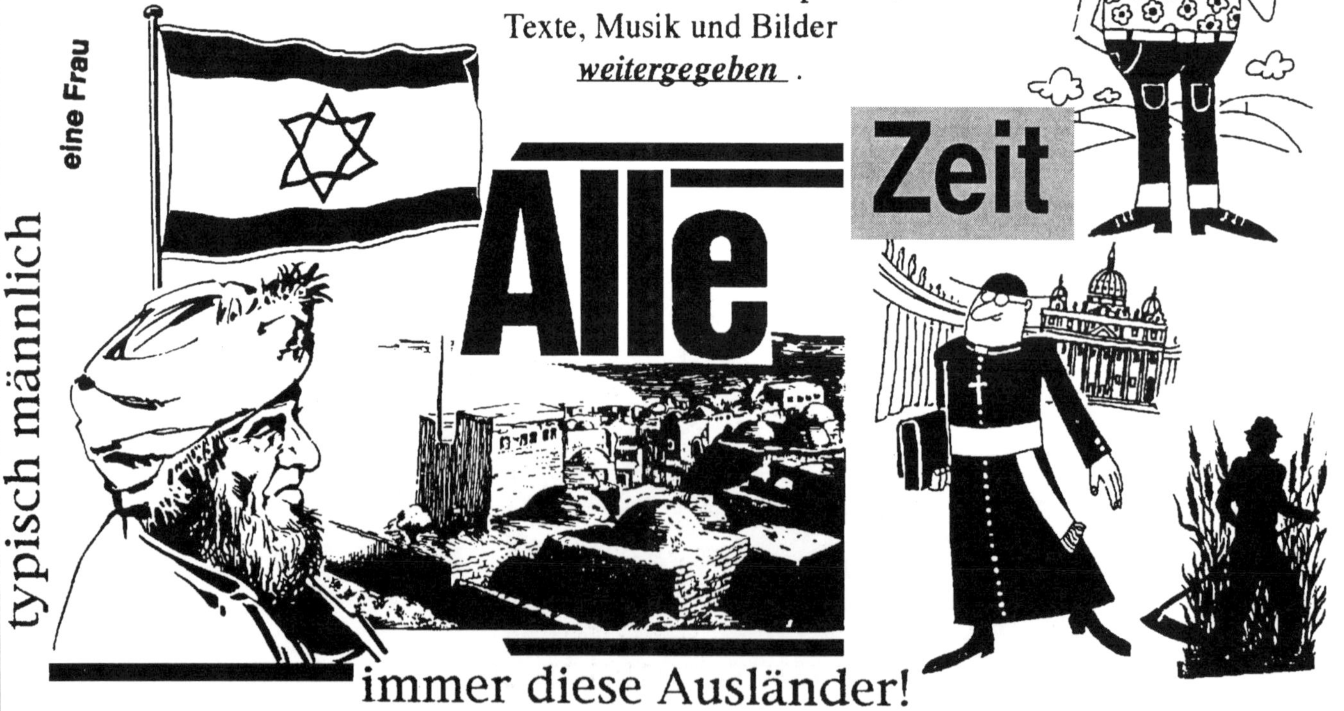

Alle Zeit

typisch männlich

immer diese Ausländer!

Schwierige Situationen beobachten und einschätzen lernen

Eigentlich hieß er Peter. Aber sie nannten ihn Kasper. Weil er so hässlich war, sagten sie. Sein verunstalteter Körper hatte einen viel zu großen Kopf zu tragen. Sein Mund war zu breit, seine Nase zu platt, und seine Augen standen zu weit auseinander. Aber sie waren schön, sie konnten so voller Wärme strahlen. Doch das sehen sie ja nicht, sie, die ihm weh taten.

„Ach, guck mal, da geht ja wieder unser Kasper, unser hässlicher Wurm", schrie Hänschen, der Sohn des Nachbarn. Er war immer einer der ersten, die ihn quälten. „Kasper, Wurm, Kasper", fielen die anderen Kinder wie in einem lange eingeübten Chor ein. „Kasper, Wurm, Kasper, Kasper!"

Er rannte, stolperte und hielt schließlich in einer Ecke inne, wo er Ruhe finden konnte. Doch auch hier klang es ihm noch in den Ohren nach: „Kasper, Wurm", obwohl der Chor längst verstummt war.

Er wachte eines Nachts auf, geweckt durch einen seltsamen, scharfen Geruch - Feuer! Sofort war er hellwach und sprang auf. Es war das Haus des Nachbarn, das brannte. Kein Mensch schien den Brand bemerkt zu haben; denn als er auf die Straße hinauslief, war alles dunkel und friedlich. Nur aus dem Dach des Nachbarhauses kroch graugelblicher Qualm zum nachtblauen Himmel, still und gefährlich. Er war an der Tür des Hauses angekommen und läutete Sturm - nichts, nur ein leises Knistern antwortete ihm. Er schellte noch einmal kräftig. Endlich, endlich wurden drinnen schlürfende Schritte hörbar, die sich dem Eingang näherten. Die Tür wurde einen Spaltbreit geöffnet, und eine verschlafene, ärgerliche Stimme fragte: „Was gibt's denn mitten in der Nacht?" „Ihr Haus brennt", stieß er hervor. „Was??", die Tür wurde aufgerissen, und er sah die alte Tante in einem Mantel über dem langen Nachthemd. Sie starrte ihn entsetzt an - diesmal wohl nicht nur wegen seiner Hässlichkeit. „Ja, aber um Himmels willen, was soll ich denn machen?" begann sie zu jammern. „Der Ludwig und die Resi sind doch gar nicht zu Hause, sie sind eingeladen. Ja, und Hänschen schläft oben. Ach, wir müssen wohl die Feuerwehr rufen. Ach, was soll . . ."

„Ja, tun Sie das schnell", unterbrach er sie und stürmte die Treppen hinauf. „Wo willst du denn hin?" - dann begriff sie und rief ihm noch nach: „Das dritte Zimmer links, ach du liebe Güte, muss das uns passieren, auch noch heute, wo ich allein bin . . ." Er hastete nach oben. Fünf, vier, drei, zwei - jetzt war er angelangt. Er rannte wieder bis zur dritten Tür, er stieß sie auf und - prallte wieder zurück, grauer Qualm kam ihm entgegen. Er versuchte, ihn mit seinen Augen zu durchdringen. Da, in der Ecke konnte er das Bett erkennen. Er holte tief Atem und stürzte dann in die Richtung, wo der Junge schlafen musste. Es gelang ihm, den Jungen zu fassen, ihn keuchend hinauszuschleppen. Er kam bis zum Treppenabsatz, er sah die Tante mit dem langen Nachthemd, er hörte noch das Signal des Feuerwehrwagens, dann wurde es dunkel um ihn. „Er kommt zu sich, unser Held, Gott nein, wie tapfer du warst! Ja, nun schau nicht so erschrocken, es ist alles gut. Meine Güte, was für einen Schrecken wir bekamen, mein Mann und ich, als wir den Anruf erhielten. Mitten in die schönste Party!"

Er schloss die Augen wieder; die aufdringliche Frauenstimme entfernte sich. Dann hörte er eine andere, schüchterne neben sich wispern: „Du"; er schaute auf. Es war Hänschen. „Du", sagte Hänschen, „ich, ich bin so . . ., ich danke dir. Und, und es tut mir leid . . ." Eine kleine Hand schob sich in die seine. Er lächelte. Zum ersten Mal war er glücklich.

Kaspar, von Ursula Maeghs-Schröter

Arbeitsaufgabe: Male zur Geschichte 3 Bilder und finde dazu jeweils einen passenden Titel!

| ETHIK | Name: | Klasse: | Datum: | Nr. |

Lösung: Schwierige Situationen beobachten und einschätzen lernen

Eigentlich hieß er Peter. Aber sie nannten ihn Kasper. Weil er so hässlich war, sagten sie. Sein verunstalteter Körper hatte einen viel zu großen Kopf zu tragen. Sein Mund war zu breit, seine Nase zu platt, und seine Augen standen zu weit auseinander. Aber sie waren schön, sie konnten so voller Wärme strahlen. Doch das sehen sie ja nicht, sie, die ihm weh taten.

„Ach, guck mal, da geht ja wieder unser Kasper, unser hässlicher Wurm", schrie Hänschen, der Sohn des Nachbarn. Er war immer einer der ersten, die ihn quälten. „Kasper, Wurm, Kasper", fielen die anderen Kinder wie in einem lange eingeübten Chor ein. „Kasper, Wurm, Kasper, Kasper!"

Er rannte, stolperte und hielt schließlich in einer Ecke inne, wo er Ruhe finden konnte. Doch auch hier klang es ihm noch in den Ohren nach: „Kasper, Wurm", obwohl der Chor längst verstummt war.

Er wachte eines Nachts auf, geweckt durch einen seltsamen, scharfen Geruch - Feuer! Sofort war er hellwach und sprang auf. Es war das Haus des Nachbarn, das brannte. Kein Mensch schien den Brand bemerkt zu haben; denn als er auf die Straße hinauslief, war alles dunkel und friedlich. Nur aus dem Dach des Nachbarhauses kroch graugelblicher Qualm zum nachtblauen Himmel, still und gefährlich. Er war an der Tür des Hauses angekommen und läutete Sturm - nichts, nur ein leises Knistern antwortete ihm. Er schellte noch einmal kräftig. Endlich, endlich wurden drinnen schlürfende Schritte hörbar, die sich dem Eigang näherten. Die Tür wurde einen Spaltbreit geöffnet, und eine verschlafene, ärgerliche Stimme fragte: „Was gibt's denn mitten in der Nacht?" „Ihr Haus brennt", stieß er hervor. „Was??", die Tür wurde aufgerissen, und er sah die alte Tante in einem Mantel über dem langen Nachthemd. Sie starrte ihn entsetzt an - diesmal wohl nicht nur wegen seiner Hässlichkeit. „Ja, aber um Himmels willen, was soll ich denn machen?" begann sie zu jammern. „Der Ludwig und die Resi sind doch gar nicht zu Hause, sie sind eingeladen. Ja, und Hänschen schläft oben. Ach, wir müssen wohl die Feuerwehr rufen. Ach, was soll . . ."

„Ja, tun Sie das schnell", unterbrach er sie und stürmte die Treppen hinauf. „Wo willst du denn hin?" - dann begriff sie und rief ihm noch nach: „Das dritte Zimmer links, ach du liebe Güte, muss das uns passieren, auch noch heute, wo ich allein bin . . ." Er hastete nach oben. Fünf, vier, drei, zwei - jetzt war er angelangt. Er rannte wieder bis zur dritten Tür, er stieß sie auf und - prallte wieder zurück, grauer Qualm kam ihm entgegen. Er versuchte, ihn mit seinen Augen zu durchdringen. Da, in der Ecke konnte er das Bett erkennen. Er holte tief Atem und stürzte dann in die Richtung, wo der Junge schlafen musste. Es gelang ihm, den Jungen zu fassen, ihn keuchend hinauszuschleppen. Er kam bis zum Treppenabsatz, er sah die Tante mit dem langen Nachthemd, er hörte noch das Signal des Feuerwehrwagens, dann wurde es dunkel um ihn. „Er kommt zu sich, unser Held, Gott nein, wie tapfer du warst! Ja, nun schau nicht so erschrocken, es ist alles gut. Meine Güte, was für einen Schrecken wir bekamen, mein Mann und ich, als wir den Anruf erhielten. Mitten in die schönste Party!"

Er schloss die Augen wieder; die aufdringliche Frauenstimme entfernte sich. Dann hörte er eine andere, schüchterne neben sich wispern: „Du"; er schaute auf. Es war Hänschen. „Du", sagte Hänschen, "ich, ich bin so . . ., ich danke dir. Und, und es tut mir leid . . ." Eine kleine Hand schob sich in die seine. Er lächelte. Zum ersten Mal war er glücklich.

Kaspar, von Ursula Maeghs-Schröter

Arbeitsaufgabe: Male zur Geschichte 3 Bilder und finde dazu jeweils einen passenden Titel!

Kaspar wird wegen seines Aussehens verspottet.

Kaspar entdeckt als erster einen Zimmerbrand.

Hänschen wird von ihm gerettet.

| ETHIK | Name: | Klasse: | Datum: | Nr. |

Schwierige Situationen beobachten und einschätzen lernen
Warum ist es so schwer, andere zu sehen, wie sie wirklich sind?

Hänschen und die Kinder nannten Peter abfällig „Kaspar".
Nenne zwei Gründe dafür!
☐ _____
☐ _____

Die Situation vor dem Brand:

Hänschen empfindet Glück,   Kaspar fühlt sich unglücklich,
weil _____   weil _____

Die Situation nach dem Brand:

Hänschen empfindet   Kaspar erfährt
(zum erstenmal):   (zum erstenmal):
_____   _____

Welche Folgen hat das?   Warum ist das so?
☐ _____
☐ _____
☐ _____

Übrigens: *uns selbst - Hänschen - Kaspar* (Lückenwörter)
Wir müssen mit unseren Wahrnehmungen behutsam umgehen. Oft haben wir -wie _____ -
Vorurteile gegenüber anderen. Jeder Mensch hat - wie _____ - bestimmte Eigenheiten.
Wir sollten sie hinnehmen, bejahen. Die Welt ändert sich nur, wenn wir _____ ändern.

Schwierige Situationen beobachten und einschätzen lernen

Warum ist es so schwer, andere zu sehen, wie sie wirklich sind?

Hänschen und die Kinder nannten Peter abfällig „Kaspar".
Das hatte Gründe:
- ☐ **Kaspar war ihrer Meinung nach hässlich.**
- ☐ **Er hat einen großen Kopf, einen breiten Mund, eine platte Nase und weit auseinander stehende Augen.**

Ich bin ein Versager!

Die Situation vor dem Brand:

Hänschen empfindet Glück,   Kaspar fühlt sich unglücklich,
weil er Kaspar auslachen und verspotten kann.   **weil er ausgelacht und verspottet wird.**

Die Situation nach dem Brand:

Hänschen empfindet (zum erstenmal):   Kaspar erfährt (zum erstenmal):
Gefahr, Todesangst, Schmerzen, Leid, Unglück   **Zuwendung, Glück, Stolz, Freude**

Deshalb:
- ☐ **Hänschen bedankt sich.**
- ☐ **Er entschuldigt sich.**
- ☐ **Er ändert sich und sein Verhalten.**

Warum?
- ☐ **Kaspar ist ein Lebensretter.**
- ☐ **Er wird von Hänschen (und den anderen) akzeptiert.**
- ☐ **Er kann Mut und Tapferkeit zeigen.**

Merke:
Wir müssen mit unseren Wahrnehmungen behutsam umgehen. Oft haben wir -wie **Hänschen** - Vorurteile gegenüber anderen. Jeder Mensch hat - wie **Kaspar** - bestimmte Eigenheiten. Wir sollten sie hinnehmen, bejahen. Die Welt ändert sich nur, wenn wir **uns selbst** ändern.

| ETHIK | Name: | Klasse: | Datum: | Nr. |

Achtsam miteinander umgehen (1): Wie Konflikte entstehen?

Fallbeispiel 1: No smoking!
Janine (15) und Claudia (14) werden von Papa beim Rauchen erwischt.
Vater: „Und das in aller Öffentlichkeit! Schon einmal etwas vom Jugendschutzgesetz gehört?"

Arbeitsaufgaben:
1. Nennt Gründe, warum es in den Fallbeispielen zu Konflikten kommt!
2. Formuliert unten einen passenden Merksatz!

Fallbeispiel 2: Der Typ geht mir auf den Wecker!
Lehrer L. ist ein junger Lehrer. „Aber seine Unterrichtsmethoden sind alt", meint Tom. „Dieses ewige Reden, seine langweiligen Geschichten. Und ständig kommt er mit ausgelatschten Schuhen und schmutzigen Anzügen daher!"

Fallbeispiel 3: Cool, Karl!
Wenn Karl Kummer hat, geht er hoch wie eine Rakete. Die Klasse weiß das. Dann geht sie ihm lieber aus dem Weg!
Achtung, Hochspannung!

Fallbeispiel 4: Klassenführung
Fred ist neu in der Klasse. So schnell wie möglich will er die Nummer 1 sein! Doch Benno ist da anderer Meinung. Ein paar Tage später kommt es zu einer Auseinandersetzung.

Fallbeispiel 5: Himmelhoch jauchzend - zu Tode betrübt
Manchmal verliert Michi ihr Gleichgewicht. Dann reagiert sie auf verschiedene Weise: Entweder Weinkrampf oder Schmollwinkel; Kicherstunde oder Totaldefensive. Wenn sie nur wüsste, warum sie so ist!

Fallbeispiel 6: Good old Daddy!
„Noch nie was vom Madonna-Look gehört, Pappi?", fragt Manuela. Doch da sieht der gestrenge Vater rot: „Du kannst doch nicht mit nacktem Nabel auf die Straße herumlaufen! Was sagen da bloß die Nachbarn!"
Nicht das erste Mal hängt deswegen in der Familie Moosbauer der Haussegen schief.

Übrigens:

Lö: Achtsam miteinander umgehen (1): Wie Konflikte entstehen?

Fallbeispiel 1: No smoking!
Janine (15) und Claudia (14) werden von Papa beim Rauchen erwischt.
Vater: „Und das in aller Öffentlichkeit! Schon einmal etwas vom Jugendschutzgesetz gehört?"

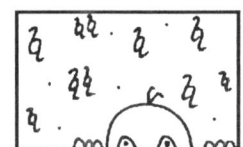

Manche reagieren gegenüber Anordnungen und Verbote überempfindlich.

Fallbeispiel 2: Der Typ geht mir auf den Wecker!
Lehrer L. ist ein junger Lehrer. „Aber seine Unterrichtsmethoden sind alt", meint Tom. „Dieses ewige Reden, seine langweiligen Geschichten. Und ständig kommt er mit ausgelatschten Schuhen und schmutzigen Anzügen daher!"

Manche empfinden gegenüber bestimmten Mitmenschen eine Abneigung. Sie mögen deren Eigenheiten nicht.

Fallbeispiel 3: Cool, Karl!
Wenn Karl Kummer hat, geht er hoch wie eine Rakete. Die Klasse weiß das. Dann geht sie ihm lieber aus dem Weg!
Achtung, Hochspannung!

Manche reagieren in gleichen Situationen völlig verschieden, z.B. aufbrausend oder gelassen

Fallbeispiel 4: Klassenführung
Fred ist neu in der Klasse. So schnell wie möglich will er die Nummer 1 sein! Doch Benno ist da anderer Meinung. Ein paar Tage später kommt es zu einer Auseinandersetzung.

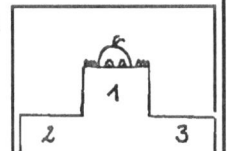

Manchen mangelt es an Rücksichtnahme. Sie sind Egoisten und stellen sich gegen die Gruppe.

Fallbeispiel 5: Himmelhoch jauchzend - zu Tode betrübt
Manchmal verliert Michi ihr Gleichgewicht. Dann reagiert sie auf verschiedene Weise: Entweder Weinkrampf oder Schmollwinkel; Kicherstunde oder Totaldefensive. Wenn sie nur wüsste, warum sie so ist!

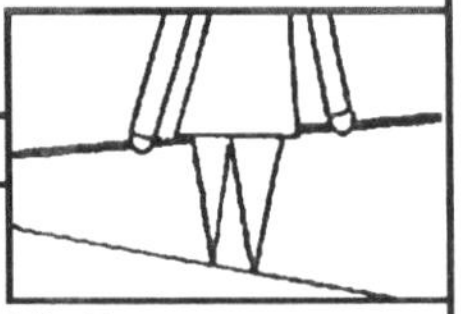

Stimmungsschwankungen sind typisch für die Jugendzeit. Manche sind unausgeglichen.

Fallbeispiel 6: Good old Daddy!
„Noch nie was vom Madonna-Look gehört, Pappi?", fragt Manuela. Doch da sieht der gestrenge Vater rot: „Du kannst doch nicht mit nacktem Nabel auf die Straße herumlaufen! Was sagen da bloß die Nachbarn!"
Nicht das erste Mal hängt deswegen in der Familie Moosbauer der Haussegen schief.

Der Generationenkonflikt lässt Konflikte entstehen, weil Eltern andere Vorstellungen haben wie Kinder und Jugendliche.

Übrigens:
Alle Fallbeispiele haben eines gemeinsam: Sie können zu Konflikten führen.
Die Ursachen für Konflikte sind sehr verschieden.

| ETHIK | Name: | Klasse: | Datum: | Nr. |

Achtsam miteinander umgehen (2): Konflikte vermeiden

Fallbeispiel 1: No smoking!
Janine (15) und Claudia (14) werden von Papa beim Rauchen erwischt.
Vater: „Und das in aller Öffentlichkeit! Schon einmal etwas vom Jugendschutzgesetz gehört?"

Arbeitsaufgabe:
1. Gebt Ratschläge, wie die Konflikte in den Fallbeispielen gelöst werden könnten!
2. Formuliert unten einen passenden Merksatz!

Fallbeispiel 2: Der Typ geht mir auf den Wecker!
Lehrer L. ist ein junger Lehrer. „Aber seine Unterrichtsmethoden sind alt", meint Tom. „Dieses ewige Reden, seine langweiligen Geschichten. Und ständig kommt er mit ausgelatschten Schuhen und schmutzigen Anzügen daher!"

Fallbeispiel 3: Cool, Karl!
Wenn Karl Kummer hat, geht er hoch wie eine Rakete. Die Klasse weiß das. Dann geht sie ihm lieber aus dem Weg!
Achtung, Hochspannung!

Fallbeispiel 4: Klassenführung
Fred ist neu in der Klasse. So schnell wie möglich will er die Nummer 1 sein! Doch Benno ist da anderer Meinung. Ein paar Tage später kommt es zu einer Auseinandersetzung.

Fallbeispiel 5: Himmelhoch jauchzend - zu Tode betrübt
Manchmal verliert Michi ihr Gleichgewicht. Dann reagiert sie auf verschiedene Weise: Entweder Weinkrampf oder Schmollwinkel; Kicherstunde oder Totaldefensive. Wenn sie nur wüsste, warum sie so ist!

Fallbeispiel 6: Good old Daddy!
„Noch nie was vom Madonna-Look gehört, Pappi?", fragt Manuela. Doch da sieht der gestrenge Vater rot: „Du kannst doch nicht mit nacktem Nabel auf der Straße herumlaufen! Was sagen da bloß die Nachbarn!" Nicht das erste Mal hängt deswegen in der Familie Moosbauer der Haussegen schief.

| ETHIK | Name: | Klasse: | Datum: | Nr. |

Lösung: Achtsam miteinander umgehen (2): Konflikte vermeiden

Fallbeispiel 1: No smoking!
Janine (15) und Claudia (14) werden von Papa beim Rauchen erwischt.
Vater: „Und das in aller Öffentlichkeit! Schon einmal etwas vom Jugendschutzgesetz gehört?"

Arbeitsaufgabe:
1. Gebt Ratschläge, wie die Konflikte in den Fallbeispielen gelöst werden könnten!
2. Formuliert unten einen passenden Merksatz!

Alt und Jung sollten sachlich argumentieren und die Standpunkte des anderen anhören.

Fallbeispiel 2: Der Typ geht mir auf den Wecker!
Lehrer L. ist ein junger Lehrer. „Aber seine Unterrichtsmethoden sind alt", meint Tom. „Dieses ewige Reden, seine langweiligen Geschichten. Und ständig kommt er mit ausgelatschten Schuhen und schmutzigen Anzügen daher!"

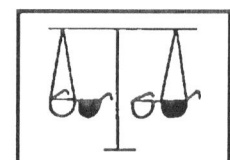

Tom sollte die äußeren Formen des Umgangs wahren und die Höflichkeitsformen beachten.

Fallbeispiel 3: Cool, Karl!
Wenn Karl Kummer hat, geht er hoch wie eine Rakete. Die Klasse weiß das. Dann geht sie ihm lieber aus dem Weg!
Achtung, Hochspannung!

Karl und die Klasse sollten aufeinander zugehen und miteinander über das Problem sprechen.

Fallbeispiel 4: Klassenführung
Fred ist neu in der Klasse. So schnell wie möglich will er die Nummer 1 sein! Doch Benno ist da anderer Meinung. Ein paar Tage später kommt es zu einer Auseinandersetzung.

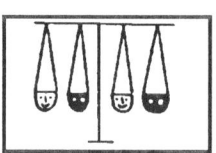

Beide Kampfhähne sollten bereit sein, sich zu versöhnen.

Fallbeispiel 5: Himmelhoch jauchzend - zu Tode betrübt
Manchmal verliert Michi ihr Gleichgewicht. Dann reagiert sie auf verschiedene Weise: Entweder Weinkrampf oder Schmollwinkel; Kicherstunde oder Totaldefensive. Wenn sie nur wüsste, warum sie so ist!

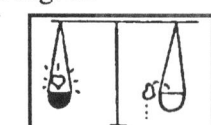

Michi sollte nicht alles überbewerten, nicht übereilt reagieren. Manchmal hilft Humor oder Abstand mehr.

Fallbeispiel 6: Good old Daddy!
„Noch nie was vom Madonna-Look gehört, Pappi?", fragt Manuela. Doch da sieht der gestrenge Vater rot: „Du kannst doch nicht mit nacktem Nabel auf der Straße herumlaufen! Was sagen da bloß die Nachbarn!" Nicht das erste Mal hängt deswegen in der Familie Moosbauer der Haussegen schief.

Manuela sollte sich in die Lage des Vaters versetzen. Ebenso sollte der Vater Manuelas Modewünsche berücksichtigen.

Konflikte lassen sich lösen, wenn jeder versöhnungsbereit ist.
Verständnis baut Vertrauen auf.

| ETHIK | Name: | Klasse: | Datum: | Nr. |

Miteinander rücksichtsvoll umgehen: Umgangsformen

Gute Umgangsformen haben bedeutet mehr als bloß „grüßen", „bitten" und „danken".
Finde zu den Fallbeispielen je einen passenden Satz, der gute Umgangsformen aufzeigt!

Beispiel 1:
Norbert ist kein guter Schüler in Geschichte. Manchmal fürchtet er, dass im nächsten Zeugnis eine Fünf steht. Er kann sich nur schwer den Stoff merken. Eines Tages nimmt Lehrer Haas die alten Römer durch. Norbert ist fasziniert von der Geschichtsstunde. In der Pause geht er auf seinen Lehrer zu und flüstert ihm leise ins Ohr: "Auch wenn ich in Geschichte schlechte Noten habe, aber Ihre Geschichtsstunde gestern war super! Ich höre gerne zu und mache in Zukunft noch besser mit!"

Beispiel 2:
Claudia studiert den Anzeigenteil der Lokalzeitung. Da liest sie plötzlich: „Jugendgruppe lädt ein - zur Säuberungsaktion im Stadtwald ‚Samstag, 13.00 Uhr. Alle sind eingeladen."
Claudia überlegt. Eigentlich habe ich samstags was Besseres vor. Ich wollte schon immer die neue Platte von Tic Tac Toe anhören. Und wenn das Wetter schlecht ist, bekomme ich schnell kalte Füße und Schnupfen. Und überdies mag ich Unrat nicht! Ob sie hingeht?

Beispiel 3:
Die Ampel zeigt Grün. Schnell überqueren die Fußgänger den Zebrastreifen. Eine alte Frau kommt nur zögernd voran. Als die Signalanlage umschaltet, befindet sich die Frau noch in der Mitte der Straße. Geistesgegenwärtig springt Hermann zurück, hebt seinen rechten Arm, um den anfahrenden Autos ein Stop-Zeichen zu geben. Den linken Arm gibt er der alten Frau; sie kann sich einhängen.

Beispiel 4:
Frau Rimkus steuert Freitag Mittag der Schultüre zu. Links unter dem Arm trägt sie zwei Stapel Hefte, rechts in der Hand hat sie Schultasche und Tüten. Vor ihr steht eine kleine Gruppe Schüler und plaudert. Plötzlich springt Susanne auf und geht zur Türe. Sie öffnet mit beiden Händen die schwere Glastüre. Frau Rimkus lächelt ihr nur zu. Susanne weiß, was das bedeutet.

Übrigens:

Es gibt viele Umgangsformen, die das Zusammenleben erleichtern:

- ☐ _____
- ☐ _____
- ☐ _____
- ☐ _____
- ☐ _____
- ☐ _____

© pb-verlag puchheim

| ETHIK | Name: | Klasse: | Datum: | Nr. |

Lösung: Miteinander rücksichtsvoll umgehen: Umgangsformen

Gute Umgangsformen haben bedeutet mehr als bloß „*grüßen*", „*bitten*" und „*danken*".
Finde zu den Fallbeispielen je einen passenden Satz, der gute Umgangsformen aufzeigt!

Beispiel 1:
Norbert ist kein guter Schüler in Geschichte. Manchmal fürchtet er, dass im nächsten Zeugnis eine Fünf steht. Er kann sich nur schwer den Stoff merken. Eines Tages nimmt Lehrer Haas die alten Römer durch. Norbert ist fasziniert von der Geschichtsstunde. In der Pause geht er auf seinen Lehrer zu und flüstert ihm leise ins Ohr: "Auch wenn ich in Geschichte schlechte Noten habe, aber Ihre Geschichtsstunde gestern war super! Ich höre gerne zu und mache in Zukunft noch besser mit!"

Ich zeige dem anderen, dass ich ihn schätze: Wertschätzung

Beispiel 2:
Claudia studiert den Anzeigenteil der Lokalzeitung. Da liest sie plötzlich: „Jugendgruppe lädt ein - zur Säuberungsaktion im Stadtwald ‚Samstag, 13.00 Uhr. Alle sind eingeladen."
Claudia überlegt. Eigentlich habe ich samstags was Besseres vor. Ich wollte schon immer die neue Platte von Tic Tac Toe anhören. Und wenn das Wetter schlecht ist, bekomme ich schnell kalte Füße und Schnupfen. Und überdies mag ich Unrat nicht! Ob sie hingeht?

Ich helfe, wo ich kann: Hilfsbereitschaft

Beispiel 3:
Die Ampel zeigt Grün. Schnell überqueren die Fußgänger den Zebrastreifen. Eine alte Frau kommt nur zögernd voran. Als die Signalanlage umschaltet, befindet sich die Frau noch in der Mitte der Straße. Geistesgegenwärtig springt Hermann zurück, hebt seinen rechten Arm, um den anfahrenden Autos ein Stop-Zeichen zu geben. Den linken Arm gibt er der alten Frau; sie kann sich einhängen.

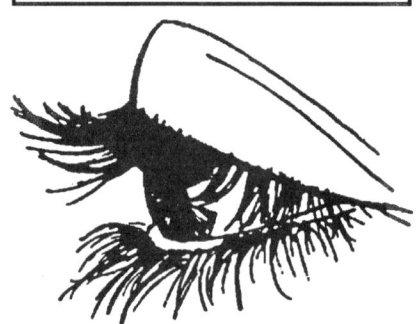

Ich nehme auf den anderen Rücksicht: Rücksichtnahme

Beispiel 4:
Frau Rimkus steuert Freitag Mittag der Schultüre zu. Links unter dem Arm trägt sie zwei Stapel Hefte, rechts in der Hand hat sie Schultasche und Tüten. Vor ihr steht eine kleine Gruppe Schüler und plaudert. Plötzlich springt Susanne auf und geht zur Türe. Sie öffnet mit beiden Händen die schwere Glastüre. Frau Rimkus lächelt ihr nur zu. Susanne weiß, was das bedeutet.

Übrigens:

Es gibt viele Umgangsformen, die das Zusammenleben erleichtern:
- ☐ **Freundlichkeit**
- ☐ **Dankbarkeit**
- ☐ **Aufgeschlossenheit**
- ☐ **Solidarität**
- ☐ **Partnerschaftlichkeit**
- ☐ **Nachgiebigkeit**

Ich erweise dem anderen eine kleine Aufmerksamkeit: Aufmerksamkeit

Miteinander leben und lernen

❶ Der Einzelne vor dem eigenen Urteil
Nachdenken über die eigene Person, vernünftige
Selbsteinschätzung, Auseinandersetzung mit
eigenen und fremden Ansprüchen an die eigene
Person, Bewertung eigener Wünsche und Hoffnungen

- Kein Mensch ist vollkommen - ✍ ☺ 🖐 AB, Text, Bild
  Jeder hat Stärken und Schwächen
- Sollen wir einem Idealbild entsprechen? ✍ ☺ 🖐 AB, Texte
- Garantiert Erfolg in der Schule auch Erfolg im Leben? ✍ ☺ 🖐 AB, Texte
- Was gibt mir Mut - was gibt mir Hoffnung? ✍ ☺ 🖐 AB, Text, Bilder
- Ich möchte lernen und verstehen AB, Text
- Wer unterstützt mich? ✍ ☺ 🖐 AB, Text
- Test: Überprüfe deine Arbeit für die Schule! ✍ AB
- Sich selbst kritisch prüfen - wie geht das? ✍ ☺ 🖐 AB, Bild
- Selbstkritik - sie fällt schwer! ✍ ☺ 🖐 AB, Texte, Bild
- Selbstkritik - wer übt sie gerne gegen sich? ✍ ☺ 🖐 AB, Bild
- Warum fällt Selbstkritik so schwer? ✍ ☺ 🖐 AB, Bild

Gespräch über Stärken und Schwächen: 🖐
Wo liegen meine Empfindlichkeiten?
Wo liegen meine Leistungsfähigkeiten?
Wie ist es um meine soziale Kompetenz bestellt?
Austausch von Erfahrungen: 🖐
Wie bewältige ich meinen Alltag?
Welche Kräfte kann ich aktivieren?
Wie wichtig ist mir Zuspruch von außen?
Wer oder was gibt mir Mut und Hoffnung?

❷ Der Einzelne und das Urteil anderer
Differenzierte Auseinandersetzung mit der Frage
nach dem eigenen Rollenverständnis,
Bewusste Betrachtung der Erwartungen anderer
Personen an die eigene Person

- Wie finde ich meine Rolle als ...? ✍ ☺ 🖐 🖐 AB, Bild
- Persönliche Entfaltung erfordert Kompromiss- ✍ ☺ 🖐 🖐 AB, Text
  bereitschaft
- Miteinander leben ist nicht immer leicht ✍ ☺ 🖐 🖐 AB, Text

Fremdwahrnehmung und Selbstdarstellung 🖐
Gespräch über Selbstfindung: 🖐
Wie finde ich meine Rolle als Junge/ Mädchen,
als Schüler/Schülerin, als Sohn/Tochter?
in Einzel-, Partner- und/oder Gruppenarbeit
durch Bild und/oder Textanalyse, Beantwortung von
Fragen, Gestaltung von Plakaten, Zeichnen von Bildern
und Symbolen, schriftliche Kurzeinträge, Tests,
Richtig-Falsch-Zuordnungen, Textgestaltung,
Klassenvortrag

| ETHIK | Name: | Klasse: | Datum: | Nr. |

Kein Mensch ist vollkommen - Jeder hat Stärken und Schwächen

Die Schule der Tiere

Eines Tages versammelten sich ein Kaninchen, ein Vogel, ein Eichhörnchen, ein Fisch und ein Aal im Wald. Sie beschlossen eine Schule zu gründen und bildeten einen Schulrat.

Das Kaninchen forderte, dass der Schnelllauf in den Lehrplan aufgenommen werden müsse; der Vogel bestand darauf, dass das Fliegen zum Lehrplan gehöre; der Fisch meinte, Schwimmen gehöre dazu; das Eichhörnchen sagte, dass senkrechtes Bäume klettern ein absolut notwendiger Bestandteil des Lehrplans sein müsse, und der Aal bestand auf „Löcher in die Erde bohren" als wichtigstes Fach aller wichtigen Lernfächer.

Sie nahmen alle diese Fächer in den Lehrplan auf, formulierten Lernziele und überlegten Methoden und druckten Lehrbücher und Arbeitshefte.

Schließlich erklärten sie es zur Regel, dass jedes Tier alle Fächer belegen müsse.

Obwohl das Kaninchen eine Eins im Schnelllauf bekam, stellte es sich schnell heraus, dass es mit dem „Senkrecht-auf-die-Bäume-klettern" ernsthafte Probleme hatte.

Das Eichhörnchen hingegen war im Bäumeklettern ganz und gar wahrer Weltmeister, aber schwimmen konnte es nicht.

Das wiederum beherrschte unser Fisch geradezu problemlos, er aber hatte beim Schnelllauf im Trocknen schon nach wenigen Sekunden lebensbedrohende Atemschwierigkeiten.

Der Aal allerdings löste das schulische Programm noch am besten, weil er in allen Disziplinen wenigstens Grundfähigkeiten mitbrachte. Er konnte sich auch ein bisschen außerhalb des Wassers bewegen, schwamm so gut wie mancher Fisch und Löcher bohren war sowieso sein Spezialgebiet.

Als der Schulrat aber einsehen musste, dass selbst dem Aal als Klassenbestem das Fliegen und Bäume klettern nie und nimmer beizubringen war, da setzte man sich zusammen und überlegte erneut.

Arbeitsaufgaben:

❶ Welche Fehler macht der Schulrat bei der Erstellung des Lehrplans?
❷ Welchen Lehrplan würdet ihr für die "Schule der Tiere" vorsehen?
❸ Warum müssen Grundvoraussetzungen, die alle Tiere erfüllen können, gegeben sein?
❹ Kann man die Geschichte auch auf unser Lernen in der Schule übertragen?
❺ Welche Fehler findest du in unserem Lehrplan-System?
❻ Welche Verbesserungsvorschläge hast du?
❼ Warum ist es sinnvoll, seine Stärken und Schwächen richtig einzuschätzen?
❽ Warum kann man nicht auf allen Gebieten "Bester" sein?
❾ Diskutiert über oben stehende Überschrift! Stellt die Ergebnisse auf einem Plakat zusammen!

| ETHIK | Name: | Klasse: | Datum: | Nr. |

Sollen wir einem Idealbild entsprechen?

So stellen sich Lehrer ihren Idealschüler vor!

Herr Rektor Schuch:
„Der Idealschüler muss kein Musterschüler sein, wie man sich sonst einen Musterschüler vorstellt. Er muss seine Arbeit so tun, dass es für ihn, vom Lehrer her und von der Ausbildung her, Vorteile bringt. Dass ein Schüler einmal etwas anstellt, das ist selbstverständlich. Jeder in seinem Leben hat das schon einmal gemacht. Ansonsten ist es nicht so, dass man ein absoluter Streber sein muss - das ist auch nicht notwendig, denn absolute Streber haben es erfahrungsgemäß in den meisten Fällen im Leben nicht ganz so weit gebracht. Der normale Schüler, der sich zwischen 2 und 3 bewegt, darf auch mal eine 4 haben. Das eine, das Schüler meist nicht begreifen, ist, dass sie nicht für die Schule lernen, sondern für sich selbst. Ich meine, ein idealer Schüler sollte ein absolut normaler Mensch sein, natürlich auch mit Schwächen - warum nicht? Die gibt es immer! Aber er soll wissen, dass das, was er in der Schule lernt, für ihn selbst ist, für sein Leben."

Frau Handsam:
"Ideal ist für jeden Lehrer anders. Für mich ist es so: Ich würde von einem Schüler erwarten, dass er erstmal dem Unterrichtsgeschehen gegenüber aufgeschlossen ist, dass er aktiv mitarbeitet, dabei jedoch durchaus kritisch ist. Unter kritisch verstehe ich konstruktive Kritik, kein ständiges Genörgel. Dann würde ich erwarten, dass der sog. ideale Schüler eine gewisse Lernbereitschaft zeigt, dass er z.B. regelmäßig Hausaufgaben macht. Es gibt Ausnahmen, wo das nicht möglich ist. Aber es sollten halt Ausnahmen bleiben. Zum anderen soll er gegenüber seinen Klassenkameraden eine gewisse Hilfsbereitschaft zeigen, d.h. den Schwächeren gegenüber auch mal eine Hilfe geben. Er soll versuchen, mit dem Lehrer gemeinsam den Unterricht zu gestalten, also nicht nur Erwartungen haben, sondern auch selbst Vorschläge bringen."

Herr Meisel:
„Ich stell mir den Idealschüler auf keinen Fall zu brav vor, sondern eher kritisch. Dass er nicht alles hinnimmt, was der Lehrer sagt, sondern auch darüber nachdenkt. Aber er soll auch sehr für die Gemeinschaft eintreten und bereit sein, anderen zu helfen und auch im Unterricht mitzutun. Er soll auch kritische Beiträge liefern und vom Verhalten her sollte er nicht ständig stören, sondern mitarbeiten. Der Schüler soll das lernen, was ihm wichtig erscheint, was er braucht, um einigermaßen entsprechende Noten zu erreichen - mehr braucht er nicht tun."

So stellen sich Schüler ihren Ideallehrer vor!

Elke:
"Er soll nett sein und sich nicht immer so aufführen, keine Märchen erzählen und die Proben sollten besser bewertet werden, also nicht so streng. Er sollte nicht immer den ganzen Unterricht durchmachen, sondern auch mal eine Stunde freigeben, z. B. zum Diskutieren!"

Rosi:
„Er soll nett sein. Mein Traumlehrer soll uns machen lassen, was wir wollen. Aber trotzdem sollten wir etwas dabei lernen. Keine Hausaufgaben wäre toll. Nicht so viele Proben wäre auch schön. Das beste wäre: dass man auch mal abschreiben darf!"

Silvia:
"Er soll nett sein, uns beachten und unsere Wünsche erfüllen. Er soll nicht so viel Hausaufgaben aufgeben und er soll viel mit der Klasse diskutieren."

Michael:
„Man soll lernen können. Er soll nicht zu streng sein, aber auch nicht zu nachgiebig. Er soll in der Klasse durchgreifen können."

aus der Schülerzeitung „Rotstift"

Arbeitsaufgaben:
❶ *Wie stellst du dir den "idealen" Lehrer vor?*
❷ *Welche Vorstellungen hat dein Lehrer vom "idealen" Schüler?*
❸ *Warum kann niemand perfekt sein?*
❹ *Warum findet der eine etwas "ideal", was der andere nicht "ideal" findet?*

| ETHIK | Name: | Klasse: | Datum: | Nr. |

Garantiert Erfolg in der Schule auch Erfolg im Leben?

Albert Schweizer, Theologe, Urwaldarzt und Menschenfreund:
„Auf dem Gymnasium war ich zunächst ein schlechter Schüler. Erst als mich mein Klassenlehrer zum richtigen Arbeiten erzog und mir einiges Selbstvertrauen gab, wurde es besser. Vor allem wirkte dieser Lehrer dadurch auf mich, dass ich gleich in den ersten Tagen seines Unterrichtes innewurde, dass er jede Stunde auf das sorgfältigste vorbereitet hatte. Er wurde mir zum Vorbild der Pflichterfüllung. Blicke ich auf meine Jugend zurück, so bin ich vom Gedanken bewegt, wie vielen Menschen ich für das, was sie mir gaben und was sie mir waren, zu danken habe."

Dichter Hermann Hesse:
„An mir hat die Schule viel kaputt gemacht."

Rudolf Schock, Opernsänger:
„Unser Lehrer war streng, aber gerecht. Bei ihm haben wir viel gelernt."

Falco, Plattenmillionär, Frauenliebling und Papa:
„Ich habe sehr schlechte Erinnerungen. Ich war fett und hässlich damals und musste mich von meinen Kameraden immer hänseln lassen. Lang hielt ich das nicht aus: Vor dem Abi verließ ich die Schule."

Schlagerstern Sandra:
„Ich wusste schon als Kind, dass ich etwas im Showgeschäft machen werde. Das habe ich auch ganz frech meinen Lehrern gesagt und gefragt: 'Wozu brauch' ich da Mathematik?'. Ich gestehe, ich war eigentlich immer mittelmäßig."

Annie Lennox von den 'Eurythmics':
„Ich habe mich in Französisch, Mathematik, Geschichte und Biologie prüfen lassen, aber auch in Englisch, wo ich noch besser war. Weil ich einen ungewöhnlich hohen Intelligenzquotienten habe, besuchte ich eine Begabten-Schule."

Popstar Elton John:
„Ich hab' in der Schule immer gebluff, denn ich habe nie Hausaufgaben gemacht, sondern meistens nur abgeschrieben. Trotzdem schaffte ich es, durch alle Examen zu kommen und bin überzeugt: Ich hätte auch studieren können."

Münchens Ex - OB Georg Kronawitter, gelernter Lehrer:
„Ich besuchte acht Jahre lang eine einklassige Volksschule. Dann kamen zwei Jahre landwirtschaftliche Berufsschule. Ich war immer lernbegeistert."

Thomas Anders von 'Modern Talking':
„Es war für mich immer schon unheimlich easy, vor der Klasse zu reden und andere zu überzeugen. In den Abiturprüfungen habe ich die Lehrer gar nicht zu Wort kommen lassen."

'Derrick' Horst Tappert:
„Ich war leider sehr gut. Mich hat schon im Vorschulalter alles interessiert, was Erwachsene können."

David Bowie:
„Ich war ausgerechnet in Holzarbeit und Kunst gut. Auch Sport hat mir Spaß gemacht. Und meiner Karriere hat es überhaupt nicht geschadet, dass ich beim Unterricht nur mit halbem Herzen dabei war."

Liselotte Pulver, Schauspielerin:
„Oh, ich war guuut. Ich bin wohl der einzige Mensch der Welt, der gerne zur Schule ging."

Arbeitsaufgaben:
❶ Welche Antwort gefällt dir am besten und warum?
❷ Wie denkst du heute über die Schule?
❸ Ändert man später seine Meinung über die Schule, wenn alles vorüber ist?
❹ Welche Antwort hast du auf die obige Zielfrage?
❺ Kannst du Beispiele und Gegenbeispiele zur Zielfrage finden? Stelle sie der Klasse vor!

ETHIK	Name:	Klasse:	Datum:	Nr.

Was gibt mir Mut - was gibt mir Hoffnung?

Prominente haben ihre Erinnerungen an die Schule in Interviews mitgeteilt.
Sie berichten von:

guten Erfahrungen mit der Schule	schlechten Erfahrungen mit der Schule

☐ _____
☐ _____
☐ _____
☐ _____
☐ _____
☐ _____
☐ _____

☐ _____
☐ _____
☐ _____
☐ _____

Viele Schüler denken so wie die Prominenten. Die Schule beeinflusst ohne Zweifel unser Denken und Verhalten. Deshalb ist es wichtig, einmal einen Blick darauf zu werfen, welche Rolle Erfolg und Misserfolg dabei spielen.

Erfolge	Misserfolge

☐ _____
☐ _____
☐ _____
☐ _____

☐ _____
☐ _____
☐ _____
☐ _____

Vor den Erfolg wird der Schweiß gesetzt, sagt ein Sprichwort. Ob in der Schule oder später im Beruf, beim Sport oder in der Familie - jeden Tag sind wir gefordert, unseren eigenen Lebensweg zu suchen. Dabei sollten wir prüfen, wer oder was uns auf diesem Weg unterstützt, wer oder was uns dabei zurückwirft. Wir sollten aber auch unsere eigenen Lebensvorstellungen und Wünsche realistisch überprüfen.

Merke deshalb:
Gute Freunde und Lehrer,
passende Vor- und Leitbilder
bringen jeden von uns voran.
Dazu müssen wir aber jeden Tag
einen Beitrag leisten:

☐ _____
☐ _____
☐ _____
_____ werfen uns in der Entwicklung zurück.

| ETHIK | Name: | Klasse: | Datum: | Nr. |

Lösung: Was gibt mir Mut - was gibt mir Hoffnung?

Prominente haben ihre Erinnerungen an die Schule in Interviews mitgeteilt.
Sie berichten von:

| guten Erfahrungen mit der Schule | schlechten Erfahrungen mit der Schule |

- *Sie erzog zum richtigen Arbeiten*
- *Sie schuf großes Selbstvertrauen*
- *Sie war Vorbild für Pflichterfüllung*
- *Sie weckt Interesse*
- *Man lernt viele Fächer*
- *Lernbegeisterung ist etwas Schönes*
- *Man lernt reden, andere überzeugen u.a.*

- *Sie hat viel an mir kaputt gemacht*
- *Schüler hänseln Mitschüler*
- *Mathematik macht wenig Sinn*
- *Schule verleitet zum Abschreiben*

Viele Schüler denken so wie die Prominenten. Die Schule beeinflusst ohne Zweifel unser Denken und Verhalten. Deshalb ist es wichtig, einmal einen Blick darauf zu werfen, welche Rolle Erfolg und Misserfolg dabei spielen.

| Erfolge | Misserfolge |

- *spornen an*
- *heben Selbstvertrauen*
- *heben das Selbstbewusstsein*
- *machen glücklich und zufrieden*

- *lähmen und deprimieren*
- *zerstören das Selbstvertrauen*
- *schaffen Minderwertigkeitsgefühle*
- *machen unglücklich und unzufrieden*

Vor den Erfolg wird der Schweiß gesetzt, sagt ein Sprichwort. Ob in der Schule oder später im Beruf, beim Sport oder in der Familie - jeden Tag sind wir gefordert, unseren eigenen Lebensweg zu suchen. Dabei sollten wir prüfen, wer oder was uns auf diesem Weg unterstützt, wer oder was uns dabei zurückwirft. Wir sollten aber auch unsere eigenen Lebensvorstellungen und Wünsche realistisch überprüfen.

Merke deshalb:
Gute Freunde und Lehrer,
passende Vor- und Leitbilder
bringen jeden von uns voran.
Dazu müssen wir aber jeden Tag
einen Beitrag leisten:

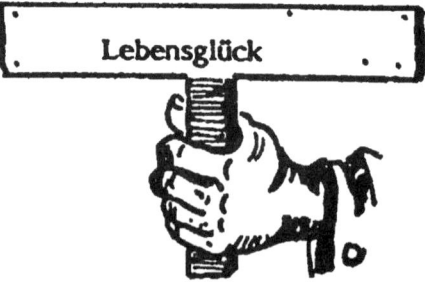

- *Unsere Entwicklung ist von außen durch schlechte Vorbilder immer gefährdet.*
- *Unser Fortkommen erfordert Opferbereitschaft und Fleiß, Willen und Kraft.*
- *Unser Lebensglück muss jedesmal neu erkämpft werden.*

Enttäuschungen, Misserfolge und Unzufriedenheit werfen uns in der Entwicklung zurück.

| ETHIK | Name: | Klasse: | Datum: | Nr. |

Ich möchte lernen und verstehen

In Südafrika ist mittlerweile die Rassentrennung abgeschafft. Nelson Mandela ist Regierungschef des an Bodenschätzen reichen, aber an sozialen Vorzügen armen Landes. Ein Schüler schrieb 1985, als schwarze Schüler massiv benachteiligt wurden, folgenden Brief:

Es ist 5.30 Uhr. Meine Mutter weckte mich gerade. Sie drängt mich, wie jeden Morgen, zur Eile. Ich gehe zwar gern zur Schule, doch mit fast leerem Magen ist der Schulweg kein Vergnügen. Ich schlürfe eine Tasse heißen Wassers mit etwas Zucker. Fünf vor 6 Uhr klopft mein Freund Mxolisi an unsere Tür. Zusammen machen wir uns auf den Weg. Unterwegs treffen wir auf eine ganze Reihe von Kindern, die alle in die gleiche Richtung gehen. Wir laufen gut eineinhalb Stunden bis zur Schule.

Worauf ich mich am meisten freue, sind das Abschlusszeugnis am Jahresende und die Mittagspause, während der es zwei nahrhafte, leider für mich zu kleine Zwiebacks gibt, die unser Rektor jeden Mittag an alle Kinder austeilen lässt. Unser Rektor hat die Zwiebacks nicht mit seinem eigenen Geld gekauft. Der hat selbst Schwierigkeiten, mit seinem Lohn auszukommen. Er verdient mehr als ein Drittel weniger als ein Rektor einer weißen Schule. Unser Pfarrer aus Deutschland hat einige liebe Menschen in Deutschland, die ihm diese Schulspeisung für alle Kinder unserer Schule ermöglichen.

Ich bin auf einer Mittelschule, wo ich das Einjährige (Junior Certificate) machen kann, wenn mein Vater weiterhin genügend Geld aus Port Elizabeth, wo er wohnt und arbeitet, schicken kann. Unsere Schulbildung ist sehr schlecht. 1976 gingen meine schwarzen Schwestern und Brüder in Soweto und im ganzen Land deswegen auf die Barrikaden. Für etwa 3% von uns schwarzen Schülern gibt es jetzt Schulpflicht. Der Lehrplan selbst sieht mehr oder weniger aus wie der vor 1976. Die beste Erziehung erhalten die Weißen, dann die sog. Mischlinge und dann erst wir Schwarzen. Die Regierung bezahlt etwa 1170 Rand pro Jahr für die Ausbildung eines weißen Kindes und nur 91 Rand für uns. Etwa 2/3 unserer Lehrer haben kein Abitur, 11% haben noch nicht einmal das Einjährige, 16% haben überhaupt keine Ausbildung als Lehrer erhalten.

Dass es da an vielem auch in unserer heutigen Ausbildung hapert, ist wohl einleuchtend. In sehr vielen Gymnasien werden mathematisch-naturwissenschaftliche Fächer nicht oder nur schlecht unterrichtet. Die Weißen haben ein Schulsystem ausgeklügelt, das uns nach ihrer Ansicht nie hochkommen lassen wird, oder eben nur so weit, wie wir in der weißen Industrie gebraucht werden. Auf einen weißen Lehrer in einer weißen Schule kommen im Durchschnitt etwa 20 Schüler, auf einen schwarzen Lehrer dagegen 50. Sie sollten erst einmal unser Schulgebäude und die Lehrmittel sehen! Außer einer Tafel und Tintenflecken auf den viel zu wenigen Tischen und Stühlen erinnert unsere Schule an kaum etwas, was man eine Schule nennen würde. Der Fußboden ist aus nacktem Beton. Viele von uns erkälten sich in diesen Räumen, sogar im Sommer. Es gibt keine Zwischendecken in den Klassenzimmern, man guckt direkt gegen das Wellblechdach. Ich weiß, dass ich großes Glück habe, dass mein Vater Arbeit hat. Er verdient nur etwa 200 DM im Monat. Am Arbeitsplatz wird er „Boy" genannt. Stellen Sie sich das vor! Meinen Vater einen „Buben" zu nennen. Manche Weiße geben ihm bisweilen irgend einen Namen, etwa John. Sie fragen gar nicht erst nach seinem eigentlichen Namen. Er holt die Post ab für die Versicherungsfirma, bei der er arbeitet, verrichtet Botengänge, leert die Papierkörbe in den Büros, kauft den weißen Bossen die Sport-Zeitung und den weißen Madams Eis oder andere Schleckereien. Wir sehen Papa nur im Dezember, während seiner Ferien. Den Rest des Jahres wohnt er in der Stadt, wo weder wir noch unsere Mutter ihn besuchen dürfen. So sind nun mal die ungerechten Gesetze Südafrikas! Ich bin der Jüngste in unserer Familie. Meine Eltern wollen, dass wenigstens ich das Einjährige mache. Meine drei älteren Schwestern konnten nur bis zur 5. Klasse die Schule besuchen. Um Ihnen die Ungleichheit des südafrikanischen Schulsystems noch etwas zu verdeutlichen, hier nur ein Beispiel: 1978 bestanden etwa 47.000 (siebenundvierzigtausend) weiße Schüler das Abitur (aus einer Bevölkerung von nur viereinhalb Millionen Weißen) und rund 15.000 (fünfzehntausend) schwarze Schüler. Bedenken Sie dabei, dass in Südafrika etwa 20.000.000 Schwarze leben. Dazu kommt noch, dass unser Abitur viertklassig ist. Seit 1969 gibt es schwarze Universitäten. Sie liegen alle in den Homelands. Wir nennen sie „Busch-Universitäten", weil sie so abgelegen liegen und weil sie ein ziemlich niedriges Niveau haben. Die Dozenten sind mehrheitlich weiß und von der minder qualifizierten Sorte. Man muss einem bestimmten Stamm angehören, um an einer der fünf „schwarzen Universitäten" studieren zu dürfen. Einige wenige von uns haben das Privileg, an einer sog. weißen Universität eingetragen zu sein, dann nämlich, wenn das entsprechende Fach in einer schwarzen Universität nicht gelehrt wird und der zuständige Minister seine Zustimmung gibt."

aus: Weite Welt 10 / 1984

| ETHIK | Name: | Klasse: | Datum: | Nr. |

Wer unterstützt mich?

"Was habt ihr denn heute auf?" fragte ich Peter. „Nix Besonderes", war seine Antwort. „Ich will's aber genau wissen, denn ab sofort werd' ich mich weiterbilden."- „Heh?" machte er. „Ich werd' ab sofort alle Aufgaben mitmachen, die du aufbekommst in der Schule, und was ich nicht kapiere, das bringst du mir bei, klar?" - „Du hast wohl nicht alle Tassen im Schrank", krächzte er in seinem Stimmbruch. "Wieso denn das?" "Überleg doch mal", erläuterte ich. „Da spar' ich mir die Volkshochschule und was es sonst noch an Fortbildungsmöglichkeiten gibt. Mit dir zusammen hab' ich das gratis und dabei noch bequem zu Hause. Oder hast du etwas dagegen, wenn sich deine Mutter weiterbildet? Her also mit den Aufgaben." - „Diese Weiber!"

Aber er winkte mich gnädig in sein Zimmer, und bald hockten wir zusammen über seinen Hausaufgaben. - „Wahrscheinlich kapierst du überhaupt nichts", krächzte er, „aber probieren können wir's ja. Zuerst die Mathe ... Was du hier vor dir siehst..." Er beschrieb und erklärte mit erstaunlich souverän-pädagogischer Geduld, und unter seinen Erläuterungen tauchte längst Verschüttetes aus meiner Schulzeit auf. "Hey", rief Peter, „du bist ja schlauer, als ich dachte!" Und auch in Englisch, in Deutsch und den übrigen Fächern heimste ich einiges Lob ein. Nur bei Latein drohte mein Meister zu verzweifeln (ich hatte kein Latein gehabt auf meiner Schule). Doch fasste er sich schließlich in Geduld. „Das kriegen wir auch noch hin. Wär' ja noch schöner!" Täglich machte ich von nun an seine Hausaufgaben unter seiner gewiss strengen, aber doch auch wiederum behutsamen Anleitung. Manchmal rief er Friedhelm an, den Primus seiner Klasse, der sich nicht weniger über meinen Lerneifer wunderte und gern all sein geballtes Wissen kostenlos an mich weitergab, wo mein Sohn irgend etwas nicht selbst kapiert hatte. Aber bald waren solche Hilfen unnötig. Meine Kenntnisse erweiterten sich rapide, ja ich fand, vom Erfolg beflügelt, schließlich Freude und einigen Ehrgeiz bei diesem Unternehmen. Eines Tages lud die Schule zum Elternsprechtag. Ich suchte die Lehrer meines Sohnes auf. „Eine Art Wunder ist geschehen!" rief der Mathematiklehrer. „Ihr Sohn ist der aufmerksamste Schüler geworden und ruht nicht eher, als bis er eine Sache wirklich kapiert hat! Von der ihn gefährdenden Fünf hat er sich zu einer knappen Zwei emporgearbeitet. Meine Hochachtung!"

Und seine Englischlehrerin: "Peter - seit Wochen einer meiner Besten! Sicherlich hängt das mit der Pubertät zusammen - Das findet man hin und wieder!" Selbst sein Lateinlehrer nickte mir aufmunternd zu: „Brav, brav. Seine Leistungen haben sich merklich aufgebessert. Er nimmt wohl tatkräftig Nachhilfe, wie?" - „Nicht er", erwiderte ich, „vielmehr ich - bei ihm." - „Wie soll ich das verstehen?" fragte er mit hochgezogenen Augenbrauen. Ich erläuterte es: „So ein armer Junge wird tagein, tagaus unterrichtet. Überall, wohin er kommt, sucht man ihn pädagogisch zu bevormunden. Er selbst hat im Grunde überhaupt nichts zu melden. Das fiel auch mir auf die Nerven, damals, als ich noch selbst zur Schule ging. Infolgedessen hab' ich den Spieß einfach umgedreht: Er darf endlich einmal das tun, was andere immer an ihm tun. Und Sie glauben nicht, wie viel Spaß ihm das macht! Und mir ebenfalls, wenn's mich auch hin und wieder schwer ankommt. Ich hab' ja noch den Haushalt am Hals. Aber Peter lernt, indem er mir beibringt, was ihm selbst häufig nicht ganz klar war. So einfach ist das. Aber verraten Sie mich nicht bei ihm. Und mit dem Geld, das wir einsparen für Nachhilfe und Fortbildung, fahren wir in Urlaub in den Ferien, um uns gründlich zu erholen. Bei diesem heutigen Schul- und Hausaufgabenstress haben wir das beide bitter nötig!"

Irmeli Altendorf

Arbeitsaufgaben:

❶ Wie reagiert Peter auf die neue Idee seiner Mutter?
❷ Wie ändert sich mit der neuen Situation sein eigenes Lernverhalten?
❸ Warum profitieren beide Lernpartner von dieser Teamarbeit?
❹ Welche Beobachtungen machen Peters Lehrer?
❺ Wie begründet Peters Mutter die plötzliche Leistungssteigerung?

Arbeit kann Freude machen, wenn wir (Kreuze an!):
☐ gemeinsam an einem Strang ziehen   ☐ von einer Aufgabe begeistert sind   ☐ enttäuscht sind
☐ eine Arbeit konsequent durchziehen   ☐ an ein Ziel glauben   ☐ leichtfertig über die Aufgabe hinweggehen   ☐ in schnellst möglicher Zeit und mit geringstem Aufwand eine Aufgabe erledigen

ETHIK	Name:	Klasse:	Datum:	Nr.

Test: Überprüfe deine Arbeit für die Schule!

❶ *Kreuze "ehrlich" an!*
- ☐ Ich arbeite nur so viel wie nötig.
- ☐ Ich strenge mich sehr an.
- ☐ Schule schmeckt mir überhaupt nicht!
- ☐ Man tut, was man kann!

❷ *In welchen Fächern könntest du dich verbessern? Schreibe sie auf!*
_____

❸ *Wie müsstest du dabei vorgehen? Schreibe 5 Punkte auf, die deine Leistungen verbessern dürften!*
- ☐ _____
- ☐ _____
- ☐ _____
- ☐ _____
- ☐ _____

❹ *Beurteile selbst deine Arbeitshaltung, indem du "ehrlich" deine Kreuzchen machst!*
- ☐ Ich bin fleißig und zielstrebig.
- ☐ Ich trödle gern herum, bevor ich mit der Arbeit beginne.
- ☐ Ich lasse mich schnell begeistern, bin aber auch gleich wieder niedergeschlagen, wenn etwas nicht klappt.
- ☐ Ich stelle mich gern auf neue Aufgaben ein!
- ☐ Ich mache nur widerwillig Extraaufgaben.

Finde selbst zwei Aussagen über deine Arbeitshaltung!
- ☐ Ich beschäftige mich selten mit Büchern.
- ☐ Ich müsste mich viel mehr fortbilden.

❺ *Wie denken andere über deine Arbeitshaltung? (Eltern, Lehrer, Freunde)*
- ☐ _____
- ☐ _____
- ☐ _____

❻ *Haben sie recht? Begründe!*
- ☐ _____
- ☐ _____

❼ *Wie oft machst du dir Gedanken über deine Arbeit?*
- ☐ _____
- ☐ _____

❽ *Stellst du dir selbst manchmal kritische Fragen über dein Arbeitsverhalten? Nenne einige!*
- ☐ _____
- ☐ _____
- ☐ _____

| ETHIK | Name: | Klasse: | Datum: | Nr. |

Test: Überprüfe deine Arbeit für die Schule! (Lösung)

❶ *Kreuze "ehrlich" an!*
- ☐ Ich arbeite nur so viel wie nötig.
- ☐ Ich strenge mich sehr an.
- ☐ Schule schmeckt mir überhaupt nicht!
- ☐ Man tut, was man kann!

❷ *In welchen Fächern könntest du dich verbessern? Schreibe sie auf!*
<u>z. B. Mathematik, Englisch, Deutsch</u>

❸ *Wie müsstest du dabei vorgehen? Schreibe 5 Punkte auf, die deine Leistungen verbessern dürften!*
- ☐ <u>*konsequenter Hausaufgaben machen*</u>
- ☐ <u>*konzentrierter im Unterricht sein*</u>
- ☐ <u>*mehr mitnotieren*</u>
- ☐ <u>*mehr üben*</u>
- ☐ <u>*nicht gleich beim ersten Fehlschlag aufgeben*</u>

❹ *Beurteile selbst deine Arbeitshaltung, indem du "ehrlich" deine Kreuzchen machst!*
- ☐ Ich bin fleißig und zielstrebig.
- ☐ Ich trödle gern herum, bevor ich mit der Arbeit beginne.
- ☐ Ich lasse mich schnell begeistern, bin aber auch gleich wieder niedergeschlagen, wenn etwas nicht klappt.
- ☐ Ich stelle mich gern auf neue Aufgaben ein!
- ☐ Ich mache nur widerwillig Extraaufgaben.
  Finde selbst zwei Aussagen über deine Arbeitshaltung!
- ☐ Ich beschäftige mich selten mit Büchern.
- ☐ Ich müsste mich viel mehr fortbilden.

❺ *Wie denken andere über deine Arbeitshaltung? (Eltern, Lehrer, Freunde)*
- ☐ <u>*individuelle Antworten*</u>
- ☐

❻ *Haben sie recht? Begründe!*
- ☐ <u>*individuelle Antworten*</u>

❼ *Wie oft machst du dir Gedanken über deine Arbeit?*
- ☐ <u>*individuelle Antworten*</u>

❽ *Stellst du dir selbst manchmal kritische Fragen über dein Arbeitsverhalten? Nenne einige!*
- ☐ <u>*Könnte ich nicht mehr leisten?*</u>
- ☐ <u>*Teile ich mir die Arbeit richtig ein?*</u>
- ☐ <u>*Könnte ich nicht viel rationeller arbeiten?*</u>

| ETHIK | Name: | Klasse: | Datum: | Nr. |

Sich selbst kritisch prüfen - wie geht das?

Auf unserem Weg der Selbstfindung müssen wir über unsere eigene Person nachdenken:
Wie schätzen wir uns selbst ein?
Können wir unsere Stärken richtig einsetzen?
Entfalten wir Kräfte, die in uns "schlummern"?
Wissen wir mit unseren Schwächen angemessen umzugehen?
Kennen wir unsere Empfindlichkeiten?
Wissen wir, wo unsere Leistungsgrenze ist?
Geben wir uns mit geringeren Ansprüchen zufrieden?
Kümmern wir uns nur um uns selbst oder auch um andere?

Welche Begriffe passen zu obigen Fragen?
☐ Selbsteinschätzung ☐ Leistungsfähigkeit ☐ Selbstkritik ☐ Selbstfindung ☐ Fremdwahrnehmung ☐ Selbstdarstellung ☐ Kritikfähigkeit ☐ Freundlichkeit ☐ Höflichkeit

Stelle dich jetzt auf eine kleine Besinnungsübung ein!
1. Versuche, still zu werden.
2. Denke an die Fähigkeiten, die du hast:
☐ Womit kann ich anderen von Nutzen sein?
☐ Womit kann ich ihr Leben reicher, froher und leichter machen?
3. Stelle dir Situationen vor,
☐ in denen du anderen eine Freude machen kannst
☐ in denen du anderen helfen kannst
☐ in denen du eine Aufgabe lösen konntest.
4. Überlege:
☐ Was tust du besonders gerne?
☐ Was schätzen andere an dir?
☐ Wo und wie siehst du deinen Platz,
   an dem du mithelfen kannst, eine bessere Welt zu schaffen?
☐ Wie hast du dich gefühlt, wenn dir etwas gelungen ist?
☐ Wie hast du dich gefühlt, als du gebraucht wurdest?
☐ Wie fühlst du dich jetzt?
☐ Kannst du es zulassen, gebraucht und aufgerieben zu werden?
☐ Kannst du es zulassen, andern mit deinen Talenten zu dienen?
☐ Wie kannst du deine Gefühle über deine Fähigkeiten ausdrücken?
☐ Kannst du es durch Bewegung und Körpersprache?
☐ Kannst du es durch Farben und Formen?
☐ Welche Entscheidung möchtest du jetzt für dich treffen?

Arbeitsaufgaben:
Gestaltet zu jeder der sieben Aussagen (unten stehend) ein Plakat, klebt Fotos dazu, zeichnet Bilder, schreibt Texte und Gedichte und stellt das Ergebnis euren Mitschülern vor!
❶ Jeder Mensch hat besondere Fähigkeiten.
❷ Unsere Stärken müssen wir weiter entwickeln und ausbauen, unsere Schwächen aber abbauen.
❸ Kein Mensch ist vollkommen.
❹ Jeder hat einen Beitrag für die Gemeinschaft zu leisten.
❺ Persönliche Entfaltung darf nicht zu Lasten der anderen gehen.
❻ Zwischen dem Anspruch anderer und meinen eigenen Vorstellungen gibt es Unterschiede.
❼ Selbstfindung erfordert Selbstkritik!

| ETHIK | Name: | Klasse: | Datum: | Nr. |

Selbstkritik - sie fällt schwer!

Lies folgende Aussagen und besprich dich mit deinem Partner!

„In unserer 7a gefällt uns der Deutsch-Unterricht überhaupt nicht. Das sagen alle. Der Stoff ist langweilig und unser Lehrer bringt auch wenig Dampf in die deutsche Grammatik. Wozu brauchen wir Rechtschreiben und Aufsatz, wenn das heute doch der Computer viel besser kann. Statt Lesen sehe ich lieber fern!"
Manuela

„Ich kann mich sehr schlecht konzentrieren. Besonders schwer fällt mir das Aufsatzschreiben. Da muss ich zuerst eine Stoffsammlung machen und überlegen, was ich alles zum Thema brauchen kann. Das erfordert viel Zeit. Dann mache ich mir eine Gliederung. Bis die endlich steht! Manchmal frage ich meine Mutti, ob sie mir beim Entwurf hilft. Ohne Wörterbuch schreibe ich nie einen Aufsatz, denn ich kann damit viele Rechtschreibfehler verhindern und den Stil verbessern."
Horst

„Warum lernen heute junge Leute so wenig Rechnen und Rechtschrift, Lesen und Aufsatz. Kaum einer kann einen klaren Satz schreiben und Kopfrechnen können die allerwenigsten. Bei uns im Betrieb klagen die Ausbilder, dass die Azubis darüber hinaus wenig Lust und dafür mehr Frust an den Tag legen bei ihrer beruflichen Ausbildung."
ein Vater

„Wenn mich meine Schwester kritisiert, bekomme ich Wut und werde aggressiv. In der Klasse bin ich der "King" und alle anderen tanzen nach meiner Pfeife. Das wäre ja noch schöner, wenn ich mir zuhause und noch dazu von einem "Weib" etwas sagen ließe. Wenn Claudia noch einmal motzt, gibt's Saures."
Benno

„Vielleicht springt bald der Titel "Stadtmeister" für mich heraus. Jedenfalls trainiere ich schon zwei Jahre wie ein Besessener. Aber ich weiß: Meine Sprungtechnik kann noch verbessert werden, auch die Muskelkraft kann ich noch steigern. Wenn ich statt Disco wöchentlich noch öfter trainiere, kann ich gewinnen. Aber ohne Verzicht und mehr Anstrengung geht es nicht. Vielleicht lohnt sich der Fleiß. Diesmal will ich es jedenfalls wissen. Hochsprungmeister wäre mein Traumziel."
Theo

„Bei mir geht ohne Planung gar nichts. Wenn eine Arbeit klappen soll, dann braucht man System. a, b, c - Logik - Sie verstehen schon, oder? Aber auch ein Schuss Selbstkritik gehört dazu. Nobody is perfect! Aber nicht bei mir!"
Christian

Arbeitsaufgaben:
❶ *Wie denken die einzelnen Personen über sich und ihre Arbeit?*
❷ *Kannst du Unterschiede feststellen?*
❸ *In welche zwei Gruppen würdest du die Aussagen einteilen?*
❹ *Wie beurteilst du die Aussagen?*
❺ *Welche Meinung findest du gut? Warum findest du sie gut?*
❻ *Welche Aussagen finden nicht deine Zustimmung? Warum?*
❼ *Wie denkst du über dich und deine Arbeit?*
   Verfasse dazu eine kurze Stellungnahme und besprich sie mit deinem Partner!
❽ *Vergleicht eure Ansichten und diskutiert darüber!*

| ETHIK | Name: | Klasse: | Datum: | Nr. |

Selbstkritik - wer übt sie gerne gegen sich?

❶ *Beurteile die Aussagen und kreuze richtig an!*

Manuela
O ist selbstkritisch   O sagt, was andere sagen   O hat Vorurteile   O weiß das Gesagte zu begründen

Horst
O ist selbstkritisch   O denkt über seine Arbeit nach   O schätzt sein Können realistisch ein
O hat kein planvolles Vorgehen bei der Arbeit

der Vater
O denkt über seine Arbeit nach   O prüft kritisch das Gesagte
O beurteilt die Jugend pauschal   O sagt, was andere sagen

Benno
O tut, was er will   O kümmert sich wenig um andere
O sagt, was er will   O übt Selbstkritik

Theo
O steckt sich realistische Ziele   O kennt den Zeitaufwand für sein Ziel
O weiß, wie er seine Leistung verbessern kann   O übertreibt erheblich die Trainingsarbeit

Christian
O übertreibt mit seiner Ansicht   O überprüft sich selbst wie ein Computer
O kennt nur Gegensätze   O lässt Arbeitsstil anderer gerne gelten

❷ Welche Tips würdest du Manuela, Horst, Vater, Benno, Theo und Christian geben?
❸ Welchen Aussagen kannst du zustimmen, welche lehnst du ab?
   Begründe deine Auswahl! (Bitte auf Block!)
❹ Selbstkritik - wie denkst du über diesen Begriff?
❺ Überprüfe dein eigenes Arbeitsverhalten am Beispiel der Hausaufgaben:
- Machst du sie immer?
- Wenn nein, welche Ausreden findest du für dich, für die Eltern, für den Lehrer?
- Gibst du schnell auf, wenn einmal eine Aufgabe zu schwer ist?
- Bemühst du dich immer um eine saubere äußere Form?
- Überprüfst du stets das Arbeitstempo, die Zeit?
- Kennst du Möglichkeiten, die Situation zu verbessern?

Die Symbolbilder mit der Waage helfen dir, die Fallbeispiele einzuordnen:

Benno und Christian   **Horst und Theo**   **Manuela und Vater**

☐ _____   ☐ _____   ☐ _____

☐ _____   ☐ _____   ☐ _____

Merke:
_____
_____

| ETHIK | Name: | Klasse: | Datum: | Nr. |

Lösung: Selbstkritik - wer übt sie gerne gegen sich?

❶ *Beurteile die Aussagen und kreuze richtig an!*

Manuela
○ ist selbstkritisch   ● sagt, was andere sagen   ● hat Vorurteile
○ weiß das Gesagte zu begründen

Horst
● ist selbstkritisch   ○ denkt über seine Arbeit nach   ● schätzt sein Können
○ hat kein planvolles Vorgehen bei der Arbeit

der Vater
○ denkt über seine Arbeit nach   ○ prüft kritisch das Gesagte
● beurteilt die Jugend pauschal   ● sagt, was andere sagen

Benno
● tut, was er will   ● kümmert sich wenig um andere
○ sagt, was er will   ○ übt Selbstkritik

Theo
● steckt sich realistische Ziele   ● kennt den Zeitaufwand für sein Ziel
● weiß, wie er seine Leistung verbessern kann   ○ übertreibt erheblich die Trainingsarbeit

Christian
● übertreibt mit seiner Ansicht   ● überprüft sich selbst wie ein Computer
● kennt nur Gegensätze   ○ lässt Arbeitsstil anderer gerne gelten

❷ Welche Tips würdest du Manuela, Horst, dem Vater, Benno, Theo und Christian geben?
❸ Welchen Aussagen kannst du zustimmen, welche lehnst du ab?
    Begründe deine Auswahl! (Bitte auf Block!)
❹ Selbstkritik - wie denkst du über diesen Begriff?
❺ Überprüfe dein eigenes Arbeitsverhalten am Beispiel der Hausaufgaben:
- Machst du sie immer?
- Wenn nein, welche Ausreden findest du für dich, für die Eltern, für den Lehrer?
- Gibst du schnell auf, wenn einmal eine Aufgabe zu schwer ist?
- Bemühst du dich immer um eine saubere äußere Form?
- Überprüfst du stets das Arbeitstempo, die Zeit?
- Kennst du Möglichkeiten, die Situation zu verbessern?

Die Symbolbilder mit der Waage helfen dir, die Fallbeispiele einzuordnen:

Benno und Christian
☐ *lassen nur sich selbst gelten*
☐ *glauben, alles richtig zu machen*

Horst und Theo
☐ *schätzen ihre Leistung richtig ein*
☐ *denken über sich nach*

Manuela und Vater
☐ *sagen, was andere sagen*
☐ *haben Vorurteile*

Merke: *Selbstkritisch sein bedeutet: sich selbst kritisch überprüfen, sich richtig einschätzen, Vorurteile überprüfen!*

ETHIK	Name:	Klasse:	Datum:	Nr.

Warum fällt Selbstkritik so schwer?

Wenn wir unsere eigene Arbeit richtig überprüfen wollen, müssten wir uns acht Fragen stellen:

1. _____
2. _____
3. _____
4. _____
5. _____
6. _____
7. _____
8. _____

sich selbst kritisch prüfen
erfordert

_____   _____
_____   _____
_____   _____

Graphik von M.C. Escher

Übrigens:
_____
_____
_____

| ETHIK | Name: | Klasse: | Datum: | Nr. |

Lösung: Warum fällt Selbstkritik so schwer?

Wenn wir unsere eigene Arbeit richtig überprüfen wollen, müssten wir uns acht Fragen stellen:

1. Ist mein Ziel realistisch und überhaupt erreichbar?
2. Was kann ich? Wozu bin ich fähig?
3. Kann ich sinnvoll planen?
4. Kann ich mein Vorgehen begründen?
5. Ist der Zeitplan zu erfüllen?
6. Bin ich mit der Ausführung zufrieden?
7. Habe ich mein Ziel erreicht?
8. Wie kann ich mich verbessern?

sich selbst kritisch prüfen
erfordert

Aufrichtigkeit   *Vernunft*
Wahrheit   *Besonnenheit*
Ehrlichkeit   *Selbsteinschätzung*

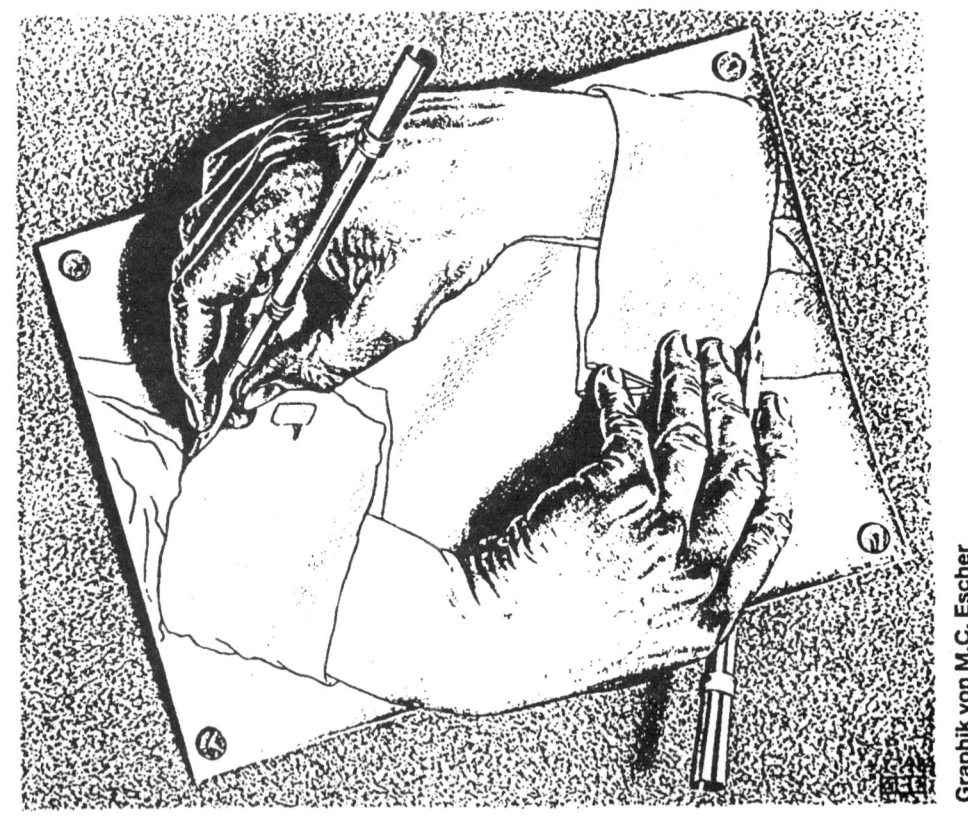

Graphik von M.C. Escher

Übrigens:
Wir durchlaufen gerade eine schwierige Lebensphase, in der wir uns oft fragen: Wie sehe ich mich? Wie sehen mich die anderen? Kann ich mich so annehmen, wie ich bin? Warum lehnen mich andere ab?

ETHIK	Name:	Klasse:	Datum:	Nr.

Wie finde ich meine Rolle als …?

In der Pubertät stehen junge Leute an der Schwelle zum Erwachsenenalter. Viele Spannungen im zwischenmenschlichen Bereich und eine auffallende Unausgeglichenheit kennzeichnen das Verhalten. Warum ist das so?

Psychologen nennen diese Entwicklung Selbstfindung. Dabei müssen junge Menschen die Rolle, die sie in der Gemeinschaft spielen, neu finden.

Kreuze an!
Welche Rollen müssen neu gefunden werden?
- ☐ als Schülerin / Schüler ☐ als Sohn / Tochter ☐ als Kleinkind ☐ als Enkelkind
- ☐ als Gruppenpartner ☐ als Junge / Mädchen ☐ als Arbeitnehmer/in ☐ als Oma / Opa

Wer beeinflusst die Vorstellungen junger Menschen in deinem Alter besonders?
- ☐ Medien ☐ Rockgruppen ☐ Freunde und Bekannte ☐ Eltern ☐ Lehrer
- ☐ Großeltern ☐ Verwandte ☐ Kirche ☐ Politiker ☐ Jugendvertreter

Nimm Stellung zu diesen Aussagen!
- ☐ Der Einfluss der Eltern wird in der Pubertät geringer, der Einfluss der Gleichaltrigen größer.
- ☐ Wenn Jugendliche sich richtig entwickeln sollen, müssen sie sich vom Elternhaus lösen.
- ☐ Wo Eltern und Kinder zusammenleben, muss es zu Interessenkonflikten kommen.
- ☐ Die Vorstellungen der Eltern und Lehrer über Erziehung und Bildung müssen sich mit den Vorstellungen der jungen Menschen decken.
- ☐ Elternhaus, Schule und Beruf behindern eine individuelle Entfaltung junger Menschen.

Besonders im Geschlechtsleben kann es zu Reibereien und Schwierigkeiten kommen.
Welchen Aussagen würdest du zustimmen? Welche würdest du ablehnen?
- ☐ Spannungen und Unausgeglichenheit bei jungen Leuten haben ihren Grund u. a. a. in der sexuellen Selbstfindung: Wie gehe ich mit der Sexualität um?
- ☐ Junge Leute müssen Partnerschafts- und Liebesfähigkeit erst erlernen.
- ☐ Junge Menschen fühlen sich zum anderen Geschlecht hingezogen.
- ☐ Junge Menschen denken, fühlen und handeln wie Mann oder Frau.
- ☐ Junge Menschen steht das Recht auf absolute Freizügigkeit zu.

Arbeitsaufgaben:
1. Welche Erwartungen haben deine Eltern an dich?
2. Welche Erwartungen hast du in Bezug auf deine Eltern?
3. Wo gibt es Übereinstimmung, wo Unterschiede?
4. Welche Erwartungen haben Lehrer gegenüber Schülern?
5. Welche Erwartungen habt ihr gegenüber den Lehrern?
6. Wo gibt es Übereinstimmung, wo Unterschiede?
7. Wie könnt ihr Unterschiede, Konflikte und Meinungsverschiedenheiten abbauen?

| ETHIK | Name: | Klasse: | Datum: | Nr. |

Lösung: Wie finde ich meine Rolle als ...?

In der Pubertät stehen junge Leute an der Schwelle zum Erwachsenenalter. Viele Spannungen im zwischenmenschlichen Bereich und eine auffallende Unausgeglichenheit kennzeichnen das Verhalten. Warum ist das so?

Psychologen nennen diese Entwicklung Selbstfindung. Dabei müssen junge Menschen die Rolle, die sie in der Gemeinschaft spielen, neu finden.

Kreuze an!
Welche Rollen müssen neu gefunden werden?
- ■ als Schülerin / Schüler
- ■ als Sohn / Tochter
- ☐ als Kleinkind
- ☐ als Enkelkind
- ☐ als Gruppenpartner
- ■ als Junge / Mädchen
- ☐ als Arbeitnehmer/in
- ☐ als Oma / Opa

Wer beeinflusst die Vorstellungen junger Menschen in deinem Alter besonders?
- ☐ Medien
- ☐ Rockgruppen
- ■ Freunde und Bekannte
- ☐ Eltern
- ☐ Lehrer
- ☐ Großeltern
- ☐ Verwandte
- ☐ Kirche
- ☐ Politiker
- ☐ Jugendvertreter

Nimm Stellung zu diesen Aussagen!
- ☐ Der Einfluss der Eltern wird in der Pubertät geringer, der Einfluss der Gleichaltrigen größer.
- ☐ Wenn Jugendliche sich richtig entwickeln sollen, müssen sie sich vom Elternhaus lösen.
- ☐ Wo Eltern und Kinder zusammenleben, muss es zu Interessenkonflikten kommen.
- ☐ Die Vorstellungen der Eltern und Lehrer über Erziehung und Bildung müssen sich mit den Vorstellungen der jungen Menschen decken.
- ☐ Elternhaus, Schule und Beruf behindern eine individuelle Entfaltung junger Menschen.

Besonders im Geschlechtsleben kann es zu Reibereien und Schwierigkeiten kommen.
Welchen Aussagen würdest du zustimmen? Welche würdest du ablehnen?
- ☐ Spannungen und Unausgeglichenheit bei jungen Leuten haben ihren Grund u. a. in der sexuellen Selbstfindung: Wie gehe ich mit der Sexualität um?
- ☐ Junge Leute müssen Partnerschafts- und Liebesfähigkeit erst erlernen.
- ☐ Junge Menschen fühlen sich zum anderen Geschlecht hingezogen.
- ☐ Junge Menschen denken, fühlen und handeln wie Mann oder Frau.
- ☐ Junge Menschen steht das Recht auf absolute Freizügigkeit zu.

Arbeitsaufgaben:
1. Welche Erwartungen haben deine Eltern an dich?
2. Welche Erwartungen hast du in Bezug auf deine Eltern?
3. Wo gibt es Übereinstimmung, wo Unterschiede?
4. Welche Erwartungen haben Lehrer gegenüber Schülern?
5. Welche Erwartungen habt ihr gegenüber den Lehrern?
6. Wo gibt es Übereinstimmung, wo Unterschiede?
7. Wie könnt ihr Unterschiede, Konflikte und Meinungsverschiedenheiten abbauen?

| ETHIK | Name: | Klasse: | Datum: | Nr. |

Persönliche Entfaltung erfordert Kompromissbereitschaft

Nadja saß in ihrem Zimmer und starrte hinaus auf die dicken, nassen Schneeflocken, die unablässig vom Himmel fielen. Heute ging das alte Jahr zu Ende, und irgendwie war ihr seltsam traurig zumute. Sie dachte zurück an das Weihnachtsfest, das erste im neuen Haus. Ja doch, schön war es gewesen mit dem riesigen Tannenbaum, für den in der alten Mietwohnung nie Platz gewesen war und den sie sich alle immer gewünscht hatten. Und auch die Geschenke hatten alle bisherigen weit übertroffen, fand Nadja. Den CD-Player, den sie sich so sehr gewünscht hatte, hatte sie tatsächlich bekommen, aber richtig daran gefreut hatte sie sich komischerweise nicht.

Nadja seufzte. Früher, in der alten Wohnung, hatte sie oft ganze Nachmittage mit Mama zusammen Platten gehört, auch die alten aus Mamas und Papas „jungen Jahren", von denen Mama dann immer so gern erzählte. Nein, sie war auch nicht traurig, weil sie vielleicht keine Freundinnen hätte - sie waren ja nur innerhalb des Ortes umgezogen, da hatte sich nichts geändert. Gleich nach dem Umzug waren sie alle gekommen, waren durchs Haus gestürmt und hatten Nadjas funkelnagelneues Zimmer bewundert- die kleine Couch, den Schreibtisch und die hübschen bunten Rollos. Oh ja, beneidet hatten sie sie um das schöne neue Zuhause. Dann waren sie nach Hause gelaufen, und Nadja war wieder allein. Denn Mama kam jetzt immer erst um viertel vor sieben nach Hause, seit sie im Supermarkt arbeitete. Das hatte sie früher nie getan, solange Nadja zurückdenken konnte. Bei Papa war es nicht viel anders: der machte jetzt oft Überstunden und kam noch viel später heim.

Und wenn Nadja dann mal mit ihnen reden oder spielen wollte, machte Mama gerade Hausarbeit, und Papa klopfte und hämmerte im Keller, an der Garage oder sonstwo herum, weil noch nicht alles fertig war. Nadja hörte ihre Mutter heimkommen; ihre eiligen Schritte hallten im Treppenhaus wider. Ein paarmal lief sie so hin und her, etwas Schweres polterte, Tüten raschelten, die Kühlschranktür ging auf und wieder zu. „Nadja!" rief Mama jetzt. „Nadja, wo steckst du? Willst du nicht mal herkommen und mir helfen?" Missmutig schlenderte Nadja die Treppe hinunter. „Komm, Kind, fass mal mit an, ich bin wirklich erledigt." Mama stapelte Konservendosen, Flaschen und Pakete auf den Küchentisch. Als Nadja den Eierkarton aus der Einkaufstüte nahm, rutschte er ihr aus der Hand und krachte zu Boden.

„Um Himmels Willen, kannst du nicht aufpassen?" Mama bückte sich und öffnete den Deckel. Tatsächlich, 4 Eier waren zerbrochen. „Das darf doch nicht wahr sein!" Mama war ganz außer sich. „Zu was bist du überhaupt zu gebrauchen? Nicht einmal den Frühstückstisch hast du abgeräumt! Als wenn ich nicht auch mal eine kleine Pause verdient hätte, wenn ich von der Arbeit komme - wo wir doch heute abend ausgehen wollen!" „Dann geh doch nicht arbeiten, wenn du's nicht aushältst!" rief Nadja wütend. Mama ließ sich seufzend auf einen Stuhl nieder.

Blass und müde sah sie aus, als sie so dasaß. Sie ergriff ihre Tochter an beiden Armen und zog sie zu sich heran. „Du weißt doch, dass ich arbeiten muss", sagte sie eindringlich. „Das Haus hat viel, viel Geld gekostet - und es ist doch schön hier, oder?" Nadja schüttelte heftig den Kopf „Mir gefällt's hier überhaupt nicht mehr!" rief sie aus, und Tränen stiegen ihr in die Augen. „Ich hasse es, dieses blöde Haus! Früher war alles viel, viel schöner!"

„Aber du hast dich doch auch auf das Haus gefreut", sagte Mama erstaunt. „Dein hübsches Zimmer, der Garten..." „Was hab' ich denn davon? Immer rennst du in deinen dämlichen Supermarkt, Papa ist dauernd im Büro oder hämmert hier rum - ich bin doch bloß noch Luft für euch! Euch interessiert doch bloß noch das Haus!" Jetzt heulte Nadja wirklich, als sie Mamas trauriges Gesicht sah.

„Das ist nicht fair, Nadja", sagte Mama leise. „Wir haben das alles doch auch für dich getan!" Sie strich Nadja mit der Hand übers Haar. „Weine nicht mehr, Nadsch. Du hast ja nicht ganz unrecht mit dem, was du sagst. Aber manche Dinge lassen sich nun mal jetzt nicht mehr ändern, das weißt du." Nadja nickte stumm. „Morgen ist Neujahr", fuhr ihre Mutter fort. „Wäre das nicht eine gute Gelegenheit, mal darüber nachzudenken, was wir alle zusammen in Zukunft besser machen könnten - vor allem aber auch du?"

Nadja nickte wieder und gab Mama einen Kuss. Nachdem sie gemeinsam den Einkauf weggeräumt hatten, ging Nadja auf ihr Zimmer, nahm ein leeres Blatt aus der Schreibtischschublade und schrieb ganz groß „Vorsätze für 1989" darauf. Dann dachte sie nach . . .

Regina Smura-Neuhaus, in: Weite Welt, Steyler Presse

Arbeitsaufgaben:

❶ Welche Interessenkonflikte bestehen zwischen Nadja und ihren Eltern?
❷ Was hatte Nadja bisher falsch gemacht?
❸ Was können ihre Mutter und ihr Vater ändern?
❹ Wie können sie alle zusammen mehr Freude am neuen Haus haben?
❺ Warum ist das Miteinander leben nicht immer einfach?
❻ Warum erfordert Zusammenleben Kompromissbereitschaft?

| ETHIK | Name: | Klasse: | Datum: | Nr. |

Miteinander leben ist nicht immer leicht

„Heute habe ich mir dienstfrei genommen«, hatte Anita freitags beim Frühstück gesagt. Wie ich mich später erinnerte, mit feierlichem Unterton und dem Zusatz: "Ich will mich selbstverwirklichen".
Ich hatte genickt und weiter versucht, aus dem Augenwinkel einen Blick auf die Morgenzeitung zu werfen. Zeitung lesen beim Frühstück war verpönt. Als ich abends nach Hause kam und Anita noch nicht da war, rechnete ich mir aus, was uns ihre Selbstverwirklichung kosten würde: Ein Sommerkleid, neue Schuhe, vielleicht eine Perücke mit austauschbarem Zweithaar?
Dann fand ich ihren Brief: „Mein lieber Peter.« Hm. Vier Seiten lang bedauerte Anita, dass sie trotz der Zuneigung zu mir als „gutem Kumpel, geistreichem Diskussionspartner und oftmals charmantem Partybegleiter" die Wohnung und mich verlassen müsse. Die „Enge unserer sechsjährigen Ehe", meine „Pedanterie bei Ferienplanungen" und das „Korsett unserer Wochenend-Unternehmungen" widerstrebten ihr und würgten ihre Entfaltungsfähigkeit ab. Sie würde nun bald dreißig und hätte bislang keine Chance gehabt, ihre „Anlagen zu entwickeln und zu zeigen, was in ihr stecke". Sie müsse frei von Abhängigkeiten sein.
Zur Entwicklung ihrer Anlagen hatte sie allerhand mitgenommen: das Tafelsilber und Porzellan, die Nähmaschine, die Spiegelreflexkamera und das Schachspiel aus Elfenbein, das sie mir zu Weihnachten geschenkt hatte. Kurz, eigentlich alles, was wir in unserer Ehe als einigermaßen wertvoll bezeichnen konnten. Inklusive unserer Autos.
Zugegeben, es kam mich hart an. Vor allem wegen Anita. Aber auch, wenn ich allein beim Abendbrot saß, Besteck "made in Solingen", mich ärgerte, dass kein Salz im Haus war, und nachrechnete, wie ich die Hypothek auf die Eigentumswohnung abstottern sollte. Neben der gerade begonnenen Wärmedämmung im Do-it-your-self-Verfahren hatte ich nun noch die Kehrwoche, das Kochen und den Einkauf am Hals.
„Eine Wiederherstellung des alten Zustandes", so hatte Anita geschrieben, ist sinnlos«. Jeglichem Versuch meinerseits würde sie damit begegnen, dass sie ihren Job aufgebe und ihr Studium wieder aufnehme, das sie bei unserer Heirat abgebrochen hatte. Dann müsse ich für sie aufkommen. Das neue Scheidungsrecht sei so. Mit der Zeit gewöhnte ich mich an das Leben ohne Anita. Es hatte seine Reize. Das Badezimmer war stets frei. Beim Essen entfiel das scheußliche Estragongewürz. Die Ferien mussten nicht mehr so genau geplant werden, weil ich - wenn etwas schief ging - nur mir selbst gegenüber verantwortlich war. Und auf Parties konnte ich einstimmig beschließen, wie lange ich blieb. Von Anita hörte ich, dass auch sie glücklich sei.
Neulich sah ich sie in der Stadt. Mit ihrer „Selbstverwirklichung". Er hatte abstehende Ohren und eine Knubbelnase. Aber er soll Doktor sein und eine große Wohnung haben. Dort entwickelt jetzt Anita ihre Anlagen. Selbstverwirklichung frei von Abhängigkeiten?

Arbeitsaufgaben:
❶ Welche Überschrift könnte zu obigem Text passen? Kreuze an!
☐ Hemmnisse persönlicher Entfaltung
☐ Die Selbstverwirklichung der Anita P.
☐ Wie ich mich am besten selbst darstelle
☐ Scheiden tut weh
❷ Wie stellt sich Anita ihre „Selbstverwirklichung" vor?
❸ Gelingt sie?
❹ Welche Komplimente bzw. Vorwürfe macht sie ihrem Ehemann?
❺ Welche Nach- bzw. Vorteile findet ihr Ehemann an der neuen Situation?
❻ Ist totale Selbstverwirklichung überhaupt möglich?
❼ Warum muss man bei der Selbstentfaltung Kompromisse eingehen?
❽ Warum muss der Einzelne in einer Gemeinschaft immer auch auf andere Rücksicht nehmen?
❾ Erklärt nebenstehendes Bild!
   Was hat es mit unserem Thema zu tun?
❿ Der Text schließt mit einer Frage. Welche Antwort habt ihr?

Verantwortung für Kinder in schwierigen Situationen

❶ Kinder bei uns
❷ Kinder in anderen Ländern

Bereitschaft, sich bewusst für die Probleme anderer Kinder
zu öffnen und dadurch soziale Verantwortung zu entwickeln
Kennen lernen unterschiedlicher Lebenssituationen
benachteiligter Kinder durch Medien und persönliche Begegnung
Entwicklung von Mitgefühl
Erkenntnis, dass das Streben nach individuellem Glück
gerechtfertigt ist, dies aber auch die Bereitschaft zur
sozialen Verantwortung für den Mitmenschen einschließen
muss

- Kinder im Krieg — AB, Texte
- Worunter Kinder in aller Welt leiden — AB, Bilder
- Behinderte haben Probleme — AB, Bilder
- Wie hat Helen Keller ihr Leben gemeistert? — AB, Text
- Wege aus einer wortlosen Welt — AB, Text
- Wir haben Verantwortung gegenüber behinderten Kindern — AB, Texte
- Die schwierige Situation von behinderten und kranken Kindern nachempfinden können — AB, Bilder
- Behinderten Kindern helfen - aber wie? — AB, Text
- Anderen helfen - aber wie? — AB, Texte
- Hilfe durch Handel(n) — AB
- Steyler Missionare berichten von einer philippinischen Insel — AB, Text
- Kinder brauchen Hilfe (auch bei uns!) — AB, Texte

Gespräch über Unterschiede des Lebens von Kindern
auf dem Land und in der Stadt
Erkunden der Lebenswelt ausländischer Kinder bei uns
Gemeinsame Aktion deutscher und ausländischer Schüler
Diskussion über
Problematik der Straßenkinder z.B. in Bukarest oder Rio
(Erscheinungsformen und Ursachen)
Projekt:
Dritte-Welt-Bazar vorbereiten und durchführen
Planen eines heimischen Projektes:
Wer braucht Hilfe?
Wie müsste die Hilfe aussehen?
Können wir helfen?

in Einzel-, Partner- und/oder Gruppenarbeit
durch Text- und/oder Bildanalyse, Beantwortung von
Fragen, Zuordnungsübungen, Text- und Bildgestaltung,
Merksatzfindung, Ausstellung u. a.

| ETHIK | Name: | Klasse: | Datum: | Nr. |

Kinder im Krieg

Text 1: Vom Libanon nach Dillingen

Dillingen (dz). Die kleine Lina El Halabe ist im Libanon geboren und kam dann mit der Mutter nach Dillingen. Sie erzählt in der Geschichte "Vom Libanon nach Dillingen", wie es ihr ergangen ist. Die Erzählung entstand im Zusammenhang mit dem 1987 von der Hauptschule Dillingen herausgebrachten Büchlein der damaligen Klasse 5e "Bei uns daheim ist immer was los."

Lina schreibt: *"Ich, Lina El Halabe, bin im Libanon geboren. Seit ich denken kann, ist bei uns Krieg. Wir waren oft im Bunker. Eines Tages kamen Schiiten in unseren Bunker mit kleinen Bomben und Handgranaten. Wir hatten große Angst. Gott sei Dank kamen Palästinenser und überwältigten die Schiiten. Wir waren gerettet.*
Einige Wochen später wurden wir ausgebombt. Unser Haus war völlig zerstört. Zwei Tage später überfielen uns wieder die Schiiten und verschleppten unseren Vater. Meine Mutter konnte nicht zu ihren Eltern gehen, da meine Mutter katholisch und mein Vater Moslem ist. Weil meine Mutter nicht mehr wusste, was sie machen sollte, nahm sie das letzte Geld und flog mit uns nach Berlin. Mein Onkel begleitete uns. Wir blieben zwei Monate in Berlin. Wir haben dort Verwandte getroffen. Mein Vater konnte inzwischen fliehen. Von einem Nachbar hat er erfahren, wo seine Familie war. Mit Hilfe von Freunden konnte er nach Deutschland fliegen. Von Berlin fuhren wir nach Zirndorf, wo wir unseren Vater trafen. Dort blieben wir zehn Tage. Von Zirndorf holte uns dann Herr Müller vom Sozialamt Dillingen ab und brachte uns nach Donaualtheim. Zu zehnt wohnen wir in einem kleinen Haus. Wir haben nur Hoffnung, dass wir bleiben dürfen, Papa arbeiten darf und alles etwas besser wird."

Text 2: Meine Heimat ist Bugojno

"Bugoijno ist eine kleine Stadt und liegt in West-Bosnien. Vom Volke her bin ich Kroatin. In Bugojno haben wir sehr gut gelebt. Wir hatten ein eigenes Haus und eine Wohnung. Ich habe sehr viele Freundinnen gehabt. Der furchtbare Krieg zerstörte unser Glück. Das begann so: Am 9. April 1992 hörten wir Bomben und Granatenlärm vom Nachbarort. Es war nur 10 Kilometer entfernt. Von dem Ort kamen viele Flüchtlinge und erzählten uns von den schrecklichen Taten, die die Soldaten an der Zivilbevölkerung begangen haben. Das löste bei meiner Familie sehr große Ängste aus. Ganz schnell packten wir unsere Koffer und fuhren Richtung Meer. Dort wurden wir in ein Hotel „Jadran" in Tupeci untergebracht. Am Anfang war es wie im Urlaub. Mein Vater kehrte bald nach Bugojno zurück. Mit der Zeit merkte ich, dass es nicht ein Urlaub, sondern ein Muss ist dort zu sein. Plötzlich waren wir Flüchtlinge. In der Zeit feierte ich meine Erstkommunion. Ich hätte sie viel lieber in Bugojno gefeiert. Das Hotel war nicht für den Winter gebaut, es gab keine Heizung. Bald sagte man uns, dass wir weggehen müssen. Wir wussten nicht wohin? Meine Tante in Gilching nahm uns auf. So bin ich hier gestrandet. Hier gefällt es mir gut. Trotzdem wünsche ich mir, dass der Krieg bald zu Ende geht und ich wieder nach Bosnien zurückkehren kann."

Martina Juric, Dzemala Byedica 12, 70230 Bugojno, geboren am 5. 10. 1982, Volk: Kroatin, geschrieben 1993 aus: Jahresbericht der Grundschule Gilching 1992/93

Text 3: Hilfe für hungernde Kinder

In den Hungergebieten dieser Welt müssen Hunderttausende von Kindern sterben oder ein verkrüppeltes Leben führen. Überall dort, wo Kriege, Überbevölkerung und wirtschaftliches Elend die ökonomische und soziale Infrastruktur einer Bevölkerung zerbrechen, sind die Kinder die ersten Opfer.
Jedes Jahr im September soll uns besonders der Weltkindertag an Kinderschicksale erinnern, uns aufrufen, helfend den plagenden Hunger dieser Kinder zu lindern. Gerade an diesem Tag im September wird uns über die Medien verdeutlicht, dass Kinder irgendwo in der Dritten Welt täglich, ja stündlich Hunger erleiden müssen und infolge Unterernährung krankheitsanfälliger sind, weil eben der Körper keine Widerstandskraft entwickeln kann. Diese Kinder sind erbarmungslos der gefühlsmäßigen, seelischen und körperlichen Verwahrlosung ausgeliefert. Der Teufelskreis der Armut und des Kriegs paart sich mit dem Hunger. Für diese Kinder ist es ein Leiden ohne Ende! Unsere Hilfe muss zu einer Kampfansage gegen Hunger, Krieg, Krankheit und Armut werden.
Broschüre: Welt-Hungerhilfe

Arbeitsaufgaben:
1. Warum kommt Lina El Halabe vom Libanon nach Dillingen?
2. Warum kommt Martina von Bosnien nach Gilching?
3. An welchem Tag gedenken wir besonders der Kinderschicksale?
4. Worunter leiden Kinder in Kriegsgebieten?
5. Was müssen wir tun, um die Not dieser Kinder wirklich zu begreifen?
6. Stellt Plakate mit Zeitungsmaterial zusammen, die die Not von Kindern in Kriegsgebieten zeigen!

| ETHIK | Name: | Klasse: | Datum: | Nr. |

Worunter Kinder in aller Welt leiden

Arbeitsaufgabe:
Versucht mit Hilfe der Bilder die richtigen Begriffe zu finden!

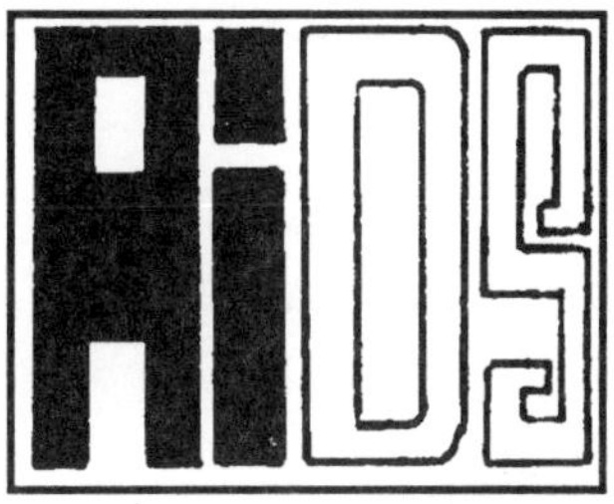

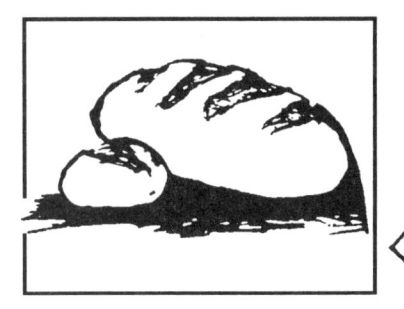

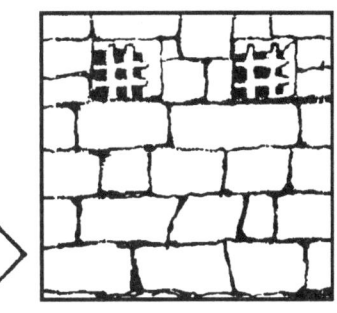

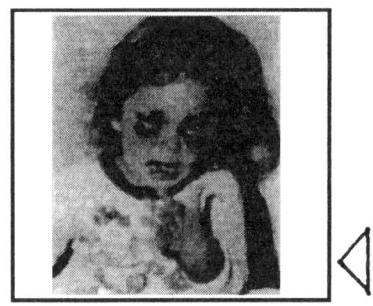

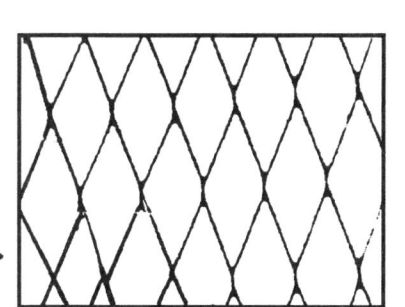

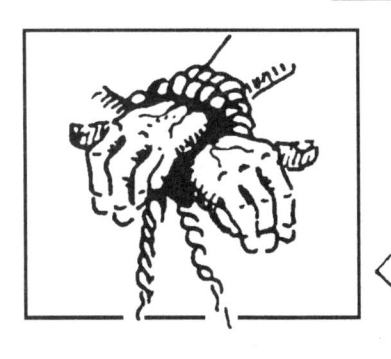

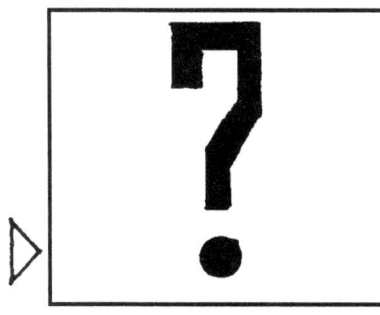

| ETHIK | Name: | Klasse: | Datum: | Nr. |

Lösung: Worunter Kinder in aller Welt leiden

Arbeitsaufgabe:
Versucht mit Hilfe der Bilder die richtigen Begriffe zu finden!

- Manche werden allein gelassen
- Manche werden abgelehnt
- Manche haben Hunger
- Manche sind krank
- Viele werden vernachlässigt
- Einige sogar misshandelt
- Es gab und gibt Kinderarbeit
- Es herrscht Not
- Kinder müssen flüchten
- Kinder fürchten den Krieg
- Kinder werden ausgebeutet
- Kinder wollen glücklich sein

| ETHIK | Name: | | Klasse: | Datum: | Nr. |

Behinderte haben Probleme

Viele Menschen erfahren Beeinträchtigungen in ihrem Leben, weil sie ...

✍ 💡 _____

_____ sind.

Stelle dir bitte vor, was es heißt:

| **nicht laufen** | **nicht hören** | **nicht sprechen** | **nicht sehen** | können.

_____
_____
_____
_____
_____

✍ ☺ ✋

Wenn Behinderte und Nicht-Behinderte gemeinsame Wege finden, hat das Vorteile für beide Partner!

Für Nicht-Behinderte: ✍

☐ _____
☐ _____
☐ _____

Für Behinderte: ✍

☐ _____
☐ _____
☐ _____

Übrigens: ✍ ☺ ✋ 💡   Lückenwörter: *Verständnis - Zusammenarbeit - verändern - Verantwortung*

Behinderte und Nicht-Behinderte können miteinander leben, wenn sie zur _____ bereit sind. Gegenseitiges _____ und gemeinsame _____ sind Voraussetzung. Begegnungen mit Behinderten können unser Denken und Verhalten _____.

| ETHIK | Name: | Klasse: | Datum: | Nr. |

Lösung: Behinderte haben Probleme

Viele Menschen erfahren Beeinträchtigungen in ihrem Leben, weil sie ...

gehörlos *schwerhörig* *blind* *geistig behindert*

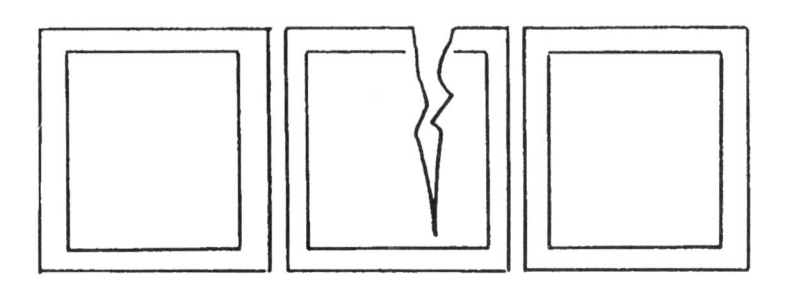

körperbehindert *sehbehindert* *sprachbehindert* *verhaltensgestört* sind.

Stelle dir bitte vor, was es heißt:

| *nicht laufen* | *nicht hören* | *nicht sprechen* | *nicht sehen* | können.

z.B.
an den Rollstuhl
gefesselt sein,
nicht Fußball
spielen können

z. B.
die Sprache
nicht
sprechen
können

z.B. keine
Diskussion
führen können,
kein Dialog
möglich

z. B.
ein Leben ohne
Farbe,
ohne Licht

Wenn Behinderte und Nicht-Behinderte gemeinsame Wege finden, hat das Vorteile für beide Partner!

Für Nicht-Behinderte:
- ☐ *sie gewinnen ein natürliches Verhältnis zum Behinderten*
- ☐ *sie lernen Rücksicht, Hilfeleistung und Bescheidenheit*
- ☐ *sie können sich selbst besser einschätzen*

Für Behinderte:
- ☐ *sie fühlen sich nicht mehr als Außenseiter*
- ☐ *sie tragen leichter ihr schweres Los*
- ☐ *sie schöpfen Lebensmut und zeigen Standhaftigkeit im Leid*

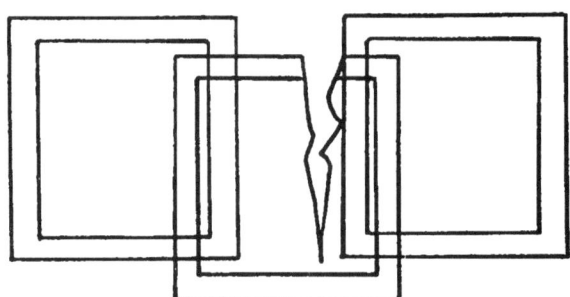

Übrigens: Lückenwörter: *Verständnis - Zusammenarbeit - Verantwortung*
Behinderte und Nicht-Behinderte können miteinander leben, wenn sie zur ***Zusammenarbeit*** bereit sind. Gegenseitiges ***Verständnis*** und gemeinsame ***Verantwortung*** sind Voraussetzung. Begegnungen mit Behinderten können unser Denken und Verhalten ***verändern***.

| ETHIK | Name: | Klasse: | Datum: | Nr. |

Wie hat Helen Keller ihr Leben gemeistert?

Der wichtigste Tag, dessen ich mich zeit meines Lebens erinnern kann, ist der, an dem meine Lehrerin, Fräulein Anne Mansfield Sullivan, zu mir kam. Ich kann kaum Worte finden, um den unermesslichen Gegensatz in meinem Leben vor und nach ihrer Ankunft zu schildern. Es war der 3. März 1887, drei Monate vor meinem siebenten Geburtstag. Am Nachmittag jenes folgenreichen Tages stand ich in dumpfer Erwartung an der Haustür. Da ich aus dem Hin- und Herlaufen im Hause und aus den Zeichen meiner Mutter eine unbestimmte Ahnung von dem Bevorstehen eines außergewöhnlichen Ereignisses geschöpft hatte, ging ich vor die Türe und wartete auf der Treppe. Die Nachmittagssonne drang durch das dichte Geißblattgebüsch, das die Tür einrahmte, und fiel auf mein emporgerichtetes Gesicht. Meine Finger spielten fast unbewusst mit den wohlbekannten Blättern und Blüten, die eben hervorgekommen waren, um den holden, südlichen Lenz zu begrüßen. Ich wusste nicht, was für Wunder und Überraschungen die Zukunft für mich im Schoß barg. Zorn und Verbitterung waren seit Monaten unausgesetzt auf mich eingestürmt. Dieser verzweifelte Kampf hatte eine tiefe Ermattung in mir zurückgelassen. Lieber Leser, hast du dich je bei einer Seefahrt in dichtem Nebel befunden, der dich wie eine greifbare, weiße Finsternis einzuschließen schien, während das große Schiff seinen Kurs längs der Küste mit Hilfe von Kompass und Lotleine zagend und ängstlich verfolgt und du mit klopfendem Herzen irgend ein Ereignis erwartest? Jenem Schiff glich ich vor Beginn meiner Erziehung, nur fehlten mir Kompass und Lotleine, und ich hatte keine Ahnung davon, wie nahe der Hafen war. Licht! Gebt mir Licht! lautete der wortlose Schrei meiner Seele, und das Licht der Liebe erhellte bereits in dieser Stunde meinen Pfad. Ich fühlte sich nähernde Schritte. Ich streckte meine Hand aus, wie ich glaubte, meiner Mutter entgegen. Irgend jemand ergriff sie, ich wurde emporgehoben und fest in die Arme geschlossen, die Arme der Frau, die gekommen war, den Schleier, der mir die Welt verbarg, zu lüften und, was noch viel mehr bedeutete, mich zu lieben. Am Morgen nach ihrer Ankunft führte mich meine Lehrerin in ihr Zimmer und gab mir eine Puppe. Die kleinen, blinden Mädchen aus dem Perkinsschen Institut hatten sie mir geschickt und Laura Bridgman hatte sie angezogen; dies erfuhr ich jedoch erst später. Als ich ein Weilchen mit ihr gespielt hatte, buchstabierte Fräulein Sullivan langsam das Wort „d o-l-l" (= Puppe) in meine Hand. Dieses Fingerspiel interessierte mich sofort und ich begann es nachzumachen. Als es mir endlich gelungen war, die Buchstaben genau nachzuahmen, errötete ich vor kindlicher Freude und Stolz. Ich lief die Treppe hinunter zu meiner Mutter, streckte meine Hand aus und machte ihr die eben erlernten Buchstaben vor. Ich wusste damals noch nicht, dass ich ein Wort buchstabiere, ja nicht einmal, dass es Wörter gab; ich bewegte einfach meine Finger in affenartiger Nachahmung. Während der folgenden Tage lernte ich auf diese verständnislose Art eine große Menge Wörter buchstabieren, unter ihnen pin (Nadel), hat (Hut), cup (Tasse) und ein paar Verben wie sit (sitzen), stand (stehen) und walk (gehen). Aber meine Lehrerin war schon mehrere Wochen bei mir, als ich schließlich begriff, dass jedes Ding seine Bezeichnung hat. Als ich eines Tages mit meiner Puppe spielte, legte mir Fräulein Sullivan auch meine große, zerlumpte Puppe in den Schoß, buchstabierte d-o-l-l und suchte mir verständlich zu machen, dass sich d-o-l-l auf beide Puppen beziehe. Vorher waren wir schon über die Wörter m-u-g (Becher) und w a-t-e-r (Wasser) aneinandergeraten. Fräulein Sullivan hatte mir einzuprägen versucht, dass m-u-g mug und w-a-t-e-r water sei, aber ich blieb beharrlich dabei, beide zu verwechseln. Vezweifelt hatte sie das Thema einstweilen fallen gelassen, aber nur, um es bei nächster Gelegenheit wieder aufzunehmen. Bei ihren wiederholten Versuchen

| ETHIK | Name: | Klasse: | Datum: | Nr. |

Fortsetzung: Wie hat Helen Keller ihr Leben gemeistert?

wurde ich ungeduldig, ergriff die neue Puppe und schleuderte sie zu Boden. Ich empfand eine lebhafte Schadenfreude, als ich die Bruchstücke der zertrümmerten Puppe zu meinen Füßen liegend fühlte. Weder Schmerz noch Reue folgten diesem Ausbruch von Leidenschaft. Ich hatte die Puppe nicht geliebt. In der stillen, dunklen Welt, in der ich lebte, war für starke Zuneigung oder Zärtlichkeit kaum Raum. Ich fühlte, wie meine Lehrerin die Bruchstücke an die Seite des Kamins legte, und empfand eine Art von Genugtuung darüber, dass die Ursache meines Unbehagens beseitigt war. Fräulein Sullivan brachte mir meinen Hut und ich wusste, dass es jetzt in den warmen Sonnenschein hinausging. Dieser Gedanke, wenn eine nicht in Worte gefasste Empfindung ein Gedanke genannt werden kann, ließ mich vor Freude springen und hüpfen.

Wir schlugen den Weg zum Brunnen ein, geleitet durch den Duft des ihn umrankenden Geißblattstrauches. Es pumpte jemand Wasser, und meine Lehrerin hielt mir die Hand unter das Rohr. Während der kühle Strom über eine meiner Hände sprudelte, buchstabierte sie mir in die andere das Wort water, zuerst langsam, dann schnell. Ich stand still, mit gespannter Aufmerksamkeit die Bewegung ihrer Finger verfolgend. Mit einem Male durchzuckte mich eine nebelhafte, verschwommene Erinnerung, ein Blitz des zurückkehrenden Denkens und das Geheimnis der Sprache lag plötzlich offen vor mir. Ich wusste jetzt, dass water jenes wundervolle, kühle Etwas bedeutete, das über meine Hand strömte. Dieses lebendige Wort erweckte meine Seele zum Leben, spendete ihr Licht, Hoffnung. Freude befreite sie von ihren Fesseln! Zwar waren ihr immer noch Schranken gesetzt, aber Schranken, die mit der Zeit weggeräumt werden konnten. Ich verließ den Brunnen voller Lernbegier. Jedes Ding hatte eine Bezeichnung und jede Bezeichnung erregte einen neuen Gedanken. Als wir ins Haus zurückkehrten, schien mir jeder Gegenstand von verhaltenem Leben zu zittern. Das kam daher, dass ich alles mit den seltsamen, neuen Augen, die ich erhalten hatte, betrachtete. Beim Betreten des Zimmers erinnerte ich mich der Puppe, die ich zerschlagen hatte. Ich tastete mich zum Kamin, hob die Stücke auf und suchte vergeblich sie wieder zusammenzufügen. Dann füllten sich meine Augen mit Tränen; ich verstand, was ich getan hatte, und zum erstenmal in meinem Leben empfand ich Reue und Schmerz.

Ich lernte an diesem Tag eine große Menge Wörter. Ich erinnere mich nicht mehr an alle, aber ich weiß, dass mother (Mutter), father (Vater), sister (Schwester), teacher (Lehrer) unter
ihnen waren—Wörter, die die Welt für mich erblühen machten "wie Aarons Stab, mit Blumen". Es dürfte schwer gewesen sein, ein glücklicheres Kind als mich zu finden, als ich am Schluss dieses ereignisvollen Tages in meinem Bettchen lag und der Freuden gedachte, die mir heute zuteil geworden waren, und zum erstenmal sehnte ich mich nach dem anbrechenden Morgen.

aus: Helen Keller, Geschichte meines Lebens, Alfred Scherz Verlag, Bern

Arbeitsaufgaben:

❶ *Welche gezielten Hilfen haben das Leben der Helen Keller grundlegend verändert?*
❷ *Was hat sie selbst getan, um die leidvolle Situation besser zu bewältigen?*
❸ *Was bewundert ihr an der Lebensleistung Helen Kellers am meisten?*
❹ *Wie verhaltet ihr euch in fast aussichtslosen Situationen?*
❺ *Welche Gründe gibt es, niemals aufzugeben, auch wenn alles verloren scheint?*

Übrigens:
Helen Keller ist eine der großartigsten Frauen der Geschichte. Das Schicksal, blind, taub und stumm zu sein, hat sie gemeistert. Am 27. 6. 1880 wurde sie im nordamerikanischen Bundesstaat Alabama geboren. Sie bekam mit anderthalb Jahren Gehirnhautentzündung und wurde infolgedessen blind und taub—konnte so auch nicht sprechen lernen, war damit auch noch stumm! Von einer Privatlehrerin A. M. Sullivan wurde sie erzogen und betreut. Mit unglaublich vieler Mühe und Geduld lernte sie zuerst eine Art Schrift durch Klopfzeichen auf die Hand, dann die Blindenschrift und schließlich —obwohl sie taub war und blind—auch sprechen. Ihr unglaublicher Eifer brachte es dazu, dass sie ein Gymnasium besuchte und noch die Sprachen Französisch, Deutsch und Latein sprechen lernte, obwohl sie keine dieser Sprachen je hören konnte. Sie setzte ihr Leben für andere Taubstumme ein und wurde Direktorin von Taubstummen- und Blindeninstituten. Schließlich promovierte sie und erhielt den Doktorgrad. Ihr bewundernswerter Lebensmut zeigt, dass man sich auch in großer Not nicht selber bemitleiden und gehen lassen muss, sondern lernend mit dem Leid fertig werden kann.

| ETHIK | Name: | Klasse: | Datum: | Nr. |

Wege aus einer wortlosen Welt

Man schreibt das Jahr 1847. Still und beschaulich genießt Deutschland die Zeit des Biedermeier. Doch am 29. August wird in Beilngries an der Altmühl die Idylle gestört. Die Polizei greift hier einen heruntergekommenen Burschen auf, der bettelnd von Haus zu Haus zieht. Seine Jacke ist zerrissen, Hose und Hemd hängen in Fetzen vom Leib, Strümpfe und Schuhwerk fehlen. Was ist los mit dem Halbwilden? Wo kommt er her? Wer sind seine Eltern? Der Unbekannte bleibt stumm, schweigt auf alle Fragen.

Auch eine Fahndung im Intelligenzblatt bringt kein Licht in die Herkunft des Heimatlosen. Zwei Wörter im Polizeiprotokoll von 1847 helfen uns heute, den Fall zu deuten. Als besonderes Kennzeichen des Unbekannten ist dort nämlich seine "angewachsene Zunge" vermerkt. Damit wird klar: Der armselige Findling von Beilngries war eines der unglücklichen Geschöpfe, denen die Wortsprache zeitlebens verschlossen blieb. Weil ihnen von Geburt an das Gehör fehlte, konnte nie ein Mutterlaut zu ihnen dringen, um ihr eigenes Sprachvermögen zu wecken. Nur wenig wusste man damals über den Zusammenhang von Gehörschaden und fehlender Sprache. Statt dessen hielt man sich an das Märchen von der "angewachsenen Zunge". Die Folgen des Fehlurteils waren furchtbar. Taubstumme zählten zu den Verstoßenen der Gesellschaft und wurden häufig einfach ausgesetzt. "Die Mehrzahl geht, das Glöckchen in der Hand, und sucht ihr Brot vor fremden Türen", berichtet Pfarrer Jarisch 1851. In Unkenntnis der medizinischen Zusammenhänge verfiel man bei der Behandlung des Leidens auf die widersinnigsten Mittel. Jarisch: "Man schnitt ihnen die Haare kurz, kämmte sie gegen ihren Wuchs auf, rieb dann den Wirbel, die Ohren und Zunge mit ätzenden Mitteln, letztere oft mit Senf so, dass der Mund des Kindes ganz aufschwoll, ja selbst die Augen sich entzündeten. Später versuchte man das Einleiten des elektrischen Stromes."

Eine andere Tortur war das Durchbohren des Trommelfells. Nicht minder qualvoll war das jahrhundertelang übliche Einschneiden der Membranbänder im Unterkiefer zum Lösen der vermeintlich festgewachsenen Zunge. „Arme Kinder, in ein Leidenslabyrinth gestürzt", urteilt Jarisch und beklagt ihre "thierische Verwilderung". Sein Zeitgenosse, Dr. Graser, Kreisschulrat in Franken, bestätigt: "Wir haben den Blick auf eine Kinderwelt geworfen, in die noch keines Menschenfreundes Auge je geblickt hat. Eine Welt, in der nichts als Trauerbilder von kleinen freudlosen Geschöpfen vorüberwandeln. Wir fanden den unglücklichsten Teil der Menschheit."

Aber wir haben heute keinen Anlass, über Irrtümer und Versäumnisse vergangener Zeiten den Kopf zu schütteln. Im Gegenteil: Das schrecklichste Kapitel in der Leidensgeschichte der Gehörlosen wurde erst vor 50 Jahren in Hitlers Drittem Reich aufgeschlagen. Mit dem Gesetz zur Verhütung erbkranken Nachwuchses (1933) verfügten die Nazis die Vernichtung "unwerten Lebens". Etwa 16 000 taubgeborene Menschen ließen sie zwangsweise sterilisieren. Die ungeborenen Kinder gehörloser Frauen mussten abgetrieben werden.

Aber Gott sei Dank ist die Geschichte der Gehörlosen nicht nur eine Leidensgeschichte. Vor der finsteren Folie schrecklicher Fehlurteile und pseudowissenschaftlicher Wahnideen hebt sich um so heller die Schar jener mutigen Reformer, Forscher und Pädagogen ab, die gegen den Zug ihrer Zeit versuchten, die taubstummen Kinder aus ihrem Elend zu befreien.

Die Reihe dieser Bahnbrecher beginnt im 16. Jahrhundert. Der spanische Benediktinermönch Pedro Ponce war es, der als erster ein System entwickelte, das durch Stellung und Bewegung der Finger den stummen Gedankenaustausch mit Gehörlosen ermöglichte. Der nächste Meilenstein war die Errichtung eigener Schulen für Gehörlose. Paris machte damit 1770 den Anfang.

| ETHIK | Name: | Klasse: | Datum: | Nr. |

Fortsetzung: Wege aus einer wortlosen Welt

Acht Jahre später öffnete in Leipzig die erste deutsche Taubstumrmenanstalt. Die Erfolge der beiden Schulen zeigten aller Welt: Die bisher unüberwindlichen Barrieren der Bildungsfähigkeit gehörloser Menschen können durchbrochen werden. Neben Schreiben und Lesen lernten in Leipzig die Schüler, die Sprache vom Mund der Lehrer abzusehen und selbst Laute zu artikulieren. Dadurch konnten sie sich erstmals auch notdürftig mit Menschen verständigen, die das Fingeralphabet nicht beherrschten.

Die Geburtsstunde der ersten bayerischen Taubstummenschule schlug 1794. Der Augustinermönch Barthelemy bat damals in einer Eingabe die kurfürstliche Regierung zu München: "...mir in dieser Stadt einen Platz anzuweisen, um eine Schule für Taube und Stumme einzurichten, wo ich ihnen zweimal des Tages Unterricht erteilen kann, um dadurch das moralische und bürgerliche Wohlbefinden des unglücklichsten Teils der Menschheit zu bewirken." 1804 öffnete dann die erste Taubstummenanstalt mit Internat ihre Tore, und zwar in Freising. Dazu kamen bis Mitte des 19. Jahrhunderts noch weitere bayerische Neugründungen.

Beim Blick auf diesen Aufschwung ist man versucht, den Fall des taubstummen Burschen von Beilngries im Jahre 1847 für eine untypische Ausnahme zu halten. Tatsächlich gehörten solche schlimmen Schicksale damals aber noch durchaus zur Regel. Der Grund: Das Platzangebot in den neu gegründeten Anstalten reichte bei weitem nicht aus. Zeitzeuge Dr. Graser: "Hunderte und hundert der unglücklichen Taubstummen bleiben von der Wohlthat des Unterrichts ausgeschlossen, weil die Taubstummen-Institute kaum den vierten Theil der in einem Land vorfindlichen Schüler aufnehmen können." Außerdem kostete damals der Besuch einer Schule die Eltern viel Geld, ein hoffnungsloser Zustand, "da die meisten taubstummen Kinder sich im gemeinen Volk und zwar vorzüglich in der Klasse der Dürftigen befinden", schreibt Graser. Für die 214 taubstummen Kinder im Rezatkreis (heute Mittelfranken) gab es nur sechs Freiplätze! Im Königreich Böhmen konnten von rund 70 gehörlosen Kindern je Geburtsjahrgang höchstens zehn das Prager Institut besuchen.

Eine deutliche Verbesserung im Platzangebot der bayerischen Gehörlosenschulen brachten um die Jahrhundertwende repräsentative Großbauten wie das königliche Zentral-Taubstummen-Institut in München, die Kreistaubstummenanstalt für Mittelfranken in Nürnberg sowie die königliche Kreistaubstummenanstalt im niederbayerischen Straubing. Von geradezu revolutionärer Bedeutung sollte jedoch eine medizinische Entdeckung werden. Dem Münchner Professor Bezold gelang um 1890 mit einem eigens konstruierten "Hörprüfkasten" (Audiometer) der sensationelle Nachweis, dass keineswegs alle tauben Kinder ganz ohne Gehör sind. Rund 70 Prozent besitzen Gehörreste, die sich mobilisieren und für die Bildung nutzbar machen lassen.

Aber nicht die Technik allein brachte Wandel und Fortschritt in der Gehörlosenbildung. Entscheidend trug auch die Schulreform nach dem 2. Weltkrieg zur Aufwärtsentwicklung bei. Nun wurde das Netz der Hilfs- und Fördereinrichtungen noch enger geknüpft. Es umfasst jetzt bayernweit zwölf optimal ausgestattete Bildungszentren - von der Frühförderung im Kindergarten über eigene Internate bis hin zur Berufsschule. Dank Schulgeldfreiheit und kostenlosem Schülertransport kommt heute jedes hörgeschädigte Kind in den Genuss jeder nur denkbaren Förderung. Einkommen und Wohnsitz der Eltern spielen keine Rolle mehr. Angeborene Hörschäden werden darum jetzt schon im Durchschnittsalter von 2 Jahren bei den Kindern erfasst. Je früher aber ein solches Leiden entdeckt wird, desto wirkungsvoller ist die Hilfe. In der Regel bewältigen hörgeschädigte Kinder heute das Pensum der Grund- und Hauptschule kaum weniger zügig als nichtbehinderte Kinder. Seit 1966 gibt es in Bayern sogar eine eigene Realschule, wo sich gehörlose junge Leute die mittlere Reife holen. Nicht wenige schaffen anschließend sogar Abitur und Hochschulstudium.

Aber die stürmische Aufwärtsentwicklung der Gehörlosenpädagogik beschränkt sich nicht auf den Bereich der Allgemeinbildung. Im gleichen Maß verbesserte sich nach dem 2. Weltkrieg auch die berufliche Bildung. Kaum zu glauben, dass hörgeschädigten jungen Menschen heute das Tor zu nicht weniger als 170 verschiedenen Ausbildungsberufen offen steht - bis hin zum technischen Zeichner, Druckformenhersteller und Retuschör. Der Dichter Franz Grillparzer soll gesagt haben, die Menschheit entwickle sich von der Humanität über die Nationalität zur Bestialität. Manche Beobachtungen scheinen den Satz zu bestätigen. Aber es gibt auch Gegenbeweise. Einer der glänzendsten ist gewiss die Geschichte der Gehörlosenbildung.

aus: Schule & Wir, Nr. 3 / 86, Bayerisches Kultusministerium

| ETHIK | Name: | Klasse: | Datum: | Nr. |

Wir haben Verantwortung gegenüber behinderten Kindern

Text 1: Wir sind auch Menschen wie alle anderen!

Christine und ich waren in der Straßenbahn Linie 4. Da saßen wir beide gemütlich auf der Bank. Und wir hatten uns so schön unterhalten, natürlich mit Gebärden, weil wir ja beide gehörlos sind. Plötzlich sehe ich, wie die Leute sagen: "Schau, das sind Taubstumme!" Ich habe zu Christine gesagt: "Du, die Leute sagen, wir sind taubstumm. Das gefällt mir nicht, dass uns die Leute so nennen." Ich war böse und wir haben uns überlegt, wie man das Wort "Taubstumme" wegbringen könnte. Also bin ich zu diesen Leuten gegangen und habe sie gefragt, warum sie uns als Taubstumme bezeichnen. Sie haben große Augen gemacht und wussten nicht, was sie antworten sollten. Ich habe ihnen erklärt: "Wir können doch sprechen! Wir können auch etwas vom Mund ablesen und davon lernen. Wieso gehen wir in die Realschule? Wir sind auch Menschen wie alle anderen."

„Taubstumm" heißt eigentlich: Ganz stumm; man kann nicht sprechen. Bei uns ist es aber anders. Wir haben in den Schulen sprechen gelernt. Und daheim wird auch normal mit uns gesprochen. Früher hat man eine „Taubstummenschule" gebaut. Jetzt heißt es „Gehörlosenschule". Und das ist richtig. Wir sind gehörlos und haben aber Sprache gelernt. Es tut uns weh, wenn man immer wieder das Wort „die Taubstummen" hört, dass man immer meint, wir sind dumm, weil wir auch viel mit den Händen sprechen. Aber manche haben mehr Sprache, manche weniger, und so brauchen wir eben die Gebärden zur Vervollständigung.

Wir hoffen und wünschen, dass die Menschen uns besser verstehen, so wie die Leute in der Straßenbahn es jetzt tun. Wir wünschen uns überhaupt, dass man mit uns spricht und uns auch wie andere Menschen behandelt. Denn nur so können wir Gehörlosen in der Welt der Hörenden leben und glücklich sein.

Wenn die Erwachsenen es verstehen, so können sie es ihren hörenden Kindern erklären. Wenn die Kinder das Wort "Taubstumme" nicht mehr hören, so werden wir in zukünftiger Zeit als Gehörlose bezeichnet werden. Das Wort „Taubstumme" ist dann vergessen, und das hoffen wir sehr.

Christine und Nicole, Schülerinnen der 12. Klasse der Staatl. Realschule für Gehörlose in München

❶ *Was kritisieren Christine und Nicole?*
❷ *Wie denkt ihr über ihre Meinung?*
❸ *Welche Erfahrungen habt ihr mit gehörlosen Menschen gemacht?*

Text 2:

Gehörlosenbildung

1. Das **Erziehungsziel** im Kindergarten für Gehörlose ist ein Kind, das sich an der Lautsprache orientiert. Seiner Altersstufe entsprechend soll es einfache Zusprache verstehen und sich in Mehrwortsätzen äußern können. Durch Hör-, Abseh- und Spracherziehung sowie durch eine sprachstimulierende Umgebung wird dieses Ziel erreicht.

2. **Gebärden** sind für den Gehörlosen eine wertvolle Hilfe beim Erlernen der Sprache und beim Ablesen der Wörter vom Munde. Gebärden "malen" den Begriff mit Händen und erleichtern die Verständigung.

3. **Berufsbildungswerke** bieten Gehörlosen neben einer umfassenden praktischen Ausbildung in Werkstätten, die auf die Ausbildung Gehörloser spezialisiert sind, auch den ausbildungsbegleitenden Unterricht sowie besondere Dienste zur beruflichen und sozialen Eingliederung an.

❹ *Wie werden gehörlose Menschen mit ihrer Behinderung fertig?*

☐ Sie ändern mit aller Kraft, was zu ändern ist.
☐ Sie nehmen an, was nicht zu ändern ist.
☐ Sie verlassen sich nur auf die Hilfe anderer.
☐ Sie bewältigen ihre Behinderung durch eigene Kraft.
☐ Sie sind auf unser Verständnis, aber nicht auf unser Mitleid angewiesen.
☐ Sie verlassen sich nur auf die Hilfe des Staates.
☐ Sie brauchen "echte" Hilfe.

WEGE AUS EINER WORT LOSEN WELT

| ETHIK | Name: | Klasse: | Datum: | Nr. |

Wir haben Verantwortung gegenüber behinderten Kindern

Text 1: Wir sind auch Menschen wie alle anderen!

Christine und ich waren in der Straßenbahn Linie 4. Da saßen wir beide gemütlich auf der Bank. Und wir hatten uns so schön unterhalten, natürlich mit Gebärden, weil wir ja beide gehörlos sind. Plötzlich sehe ich, wie die Leute sagen: "Schau, das sind Taubstumme!" Ich habe zu Christine gesagt: "Du, die Leute sagen, wir sind taubstumm. Das gefällt mir nicht, dass uns die Leute so nennen." Ich war böse und wir haben uns überlegt, wie man das Wort "Taubstumme" wegbringen könnte. Also bin ich zu diesen Leuten gegangen und habe sie gefragt, warum sie uns als Taubstumme bezeichnen. Sie haben große Augen gemacht und wussten nicht, was sie antworten sollten. Ich habe ihnen erklärt: "Wir können doch sprechen! Wir können auch etwas vom Mund ablesen und davon lernen. Wieso gehen wir in die Realschule? Wir sind auch Menschen wie alle anderen."

„Taubstumm" heißt eigentlich: Ganz stumm; man kann nicht sprechen. Bei uns ist es aber anders. Wir haben in den Schulen sprechen gelernt. Und daheim wird auch normal mit uns gesprochen. Früher hat man eine „Taubstummenschule" gebaut. Jetzt heißt es „Gehörlosenschule". Und das ist richtig. Wir sind gehörlos und haben aber Sprache gelernt. Es tut uns weh, wenn man immer wieder das Wort „die Taubstummen" hört, dass man immer meint, wir sind dumm, weil wir auch viel mit den Händen sprechen. Aber manche haben mehr Sprache, manche weniger, und so brauchen wir eben die Gebärden zur Vervollständigung.

Wir hoffen und wünschen, dass die Menschen uns besser verstehen, so wie die Leute in der Straßenbahn es jetzt tun. Wir wünschen uns überhaupt, dass man mit uns spricht und uns auch wie andere Menschen behandelt. Denn nur so können wir Gehörlosen in der Welt der Hörenden leben und glücklich sein.

Wenn die Erwachsenen es verstehen, so können sie es ihren hörenden Kindern erklären. Wenn die Kinder das Wort "Taubstumme" nicht mehr hören, so werden wir in zukünftiger Zeit als Gehörlose bezeichnet werden. Das Wort „Taubstumme" ist dann vergessen, und das hoffen wir sehr.

Christine und Nicole, Schülerinnen der 12. Klasse der Staatl. Realschule für Gehörlose in München

❶ *Was kritisieren Christine und Nicole?*
❷ *Wie denkt ihr über ihre Meinung?*
❸ *Welche Erfahrungen habt ihr mit gehörlosen Menschen gemacht?*

Text 2:

Gehörlosenbildung

1. Das **Erziehungsziel** im Kindergarten für Gehörlose ist ein Kind, das sich an der Lautsprache orientiert. Seiner Altersstufe entsprechend soll es einfache Zusprache verstehen und sich in Mehrwortsätzen äußern können. Durch Hör-, Abseh- und Spracherziehung sowie durch eine sprachstimulierende Umgebung wird dieses Ziel erreicht.

2. **Gebärden** sind für den Gehörlosen eine wertvolle Hilfe beim Erlernen der Sprache und beim Ablesen der Wörter vom Munde. Gebärden "malen" den Begriff mit Händen und erleichtern die Verständigung.

3. **Berufsbildungswerke** bieten Gehörlosen neben einer umfassenden praktischen Ausbildung in Werkstätten, die auf die Ausbildung Gehörloser spezialisiert sind, auch den ausbildungsbegleitenden Unterricht sowie besondere Dienste zur beruflichen und sozialen Eingliederung an.

❹ *Wie werden gehörlose Menschen mit ihrer Behinderung fertig?*

- ■ Sie ändern mit aller Kraft, was zu ändern ist.
- ■ Sie nehmen an, was nicht zu ändern ist.
- ☐ Sie verlassen sich nur auf die Hilfe anderer.
- ■ Sie bewältigen ihre Behinderung durch eigene Kraft.
- ■ Sie sind auf unser Verständnis, aber nicht auf unser Mitleid angewiesen.
- ☐ Sie verlassen sich nur auf die Hilfe des Staates.
- ■ Sie brauchen "echte" Hilfe.

WEGE AUS EINER WORT LOSEN WELT

| ETHIK | Name: | Klasse: | Datum: | Nr. |

Die schwierige Situation von behinderten und kranken Kindern nachempfinden können

Arbeitsaufgabe:
❶ *Nennt Möglichkeiten, wie ihr behinderten und kranken Kindern in alltäglichen Situationen helfen könnt!*
❷ *Zeigt falsche Wege der Hilfestellung und Unterstützung!*
❸ *Stellt euere Ergebnisse gegenüber und diskutiert sie!*

Möglichkeiten der Hilfe:
☐ _____
☐ _____
☐ _____
☐ _____
☐ _____
☐
☐

Falsche Wege:
☐ _____
☐ _____
☐ _____

☐ _____
☐ _____
☐ _____

| ETHIK | Name: | Klasse: | Datum: | Nr. |

Lösung: Die schwierige Situation von behinderten und kranken Kindern nachempfinden können

Arbeitsaufgabe:
❶ *Nennt Möglichkeiten, wie ihr behinderten und kranken Kindern in alltäglichen Situationen helfen könnt!*
❷ *Zeigt falsche Wege der Hilfestellung und Unterstützung!*
❸ *Stellt euere Ergebnisse gegenüber und diskutiert sie!*

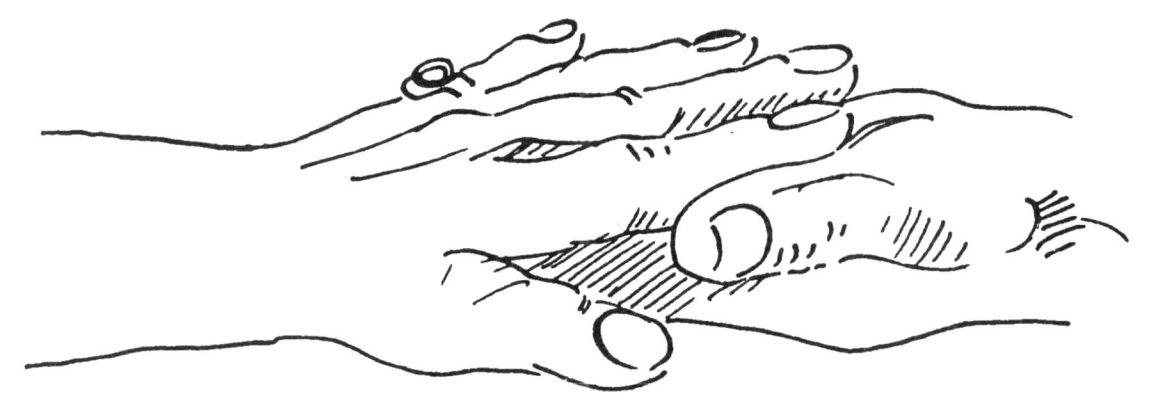

Möglichkeiten der Hilfe:
- ☐ **einkaufen gehen**
- ☐ **kleine Pflegedienste leisten**
- ☐ **Medikamente holen**
- ☐ **einfach nur vorbeischauen**
- ☐ **etwas für sie erledigen**
- ☐ **Zeit und Geduld opfern**
- ☐ **uneigennützig helfen**

Falsche Wege:
- ☐ **den anderen allein lassen**
- ☐ **den anderen abschieben**
- ☐ **nur Geld spenden, keine Zuneigung geben**
- ☐ **nur kurzfristig helfen**
- ☐ **den anderen isolieren**
- ☐ **den anderen nicht zur Kenntnis nehmen**

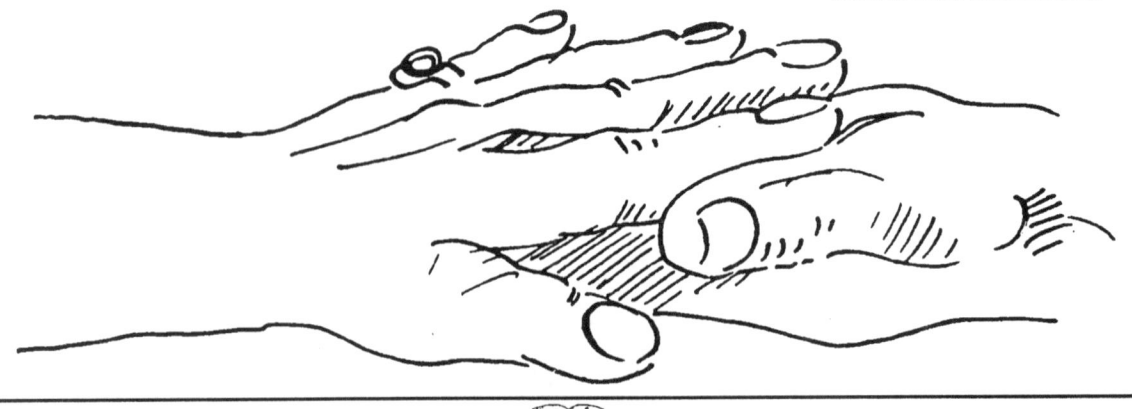

| ETHIK | Name: | Klasse: | Datum: | Nr. |

Behinderten Kindern helfen - aber wie?

Die Party läuft auf vollen Touren. Bunte Scheinwerfer und Silbergirlanden zaubern Ballatmosphäre in die nüchterne Schul-Aula. Jungvolk zwischen 14 und 19 tummelt sich auf der Tanzfläche. Ein Teenager-Fest wie tausend andere. Wer käme auf die Idee, dass der junge Mann, der mit seiner Partnerin so kunstvoll Boogie tanzt, blind ist? Oder dass die flotte Tänzerin daneben die Musik nicht hören kann, weil sie gehörlos ist? Eine alltägliche Party ist das also nicht. Gastgeber an diesem 4. Februar 1981 sind die Schüler der Bayerischen Landesschule für Blinde in München, Gäste die Buben und Mädchen der Bayerischen Landesschulen für Körperbehinderte und für Gehörlose sowie eine halbe Hundertschaft nichtbehinderter Gymnasiasten aus Geretsried im Isartal. Was wie eine Musterveranstaltung aussieht, eigens inszeniert zum "Jahr der Behinderten", ist in Wahrheit nur eines der vielen geselligen Treffen, die schon seit Jahr und Tag von den vier Schulen in lockerer Reihenfolge gepflegt werden. Einfach weil man miteinander befreundet ist und darum gerne zusammenkommt. Auch die Geretsrieder Schüler waren schon in der Rolle der Gastgeber. Ihren blinden, gehörlosen und körperbehinderten Kameraden bedeutet diese Freundschaft sehr viel. Nur selten lernen sie sonst nämlich gleichaltrige Nichtbehinderte kennen. Darum ist der Kontakt, den die Geretsrieder Gymnasiasten mit den drei Behindertenschulen in München halten, besonders erfreulich und nachahmenswert. Zustandegekommen ist er über den Tanz. Die ungewöhnliche Idee, behinderte und nichtbehinderte Jugendliche durch gemeinsames Tanzen einander näher zu bringen, stammt von Frau Gertrude Krombholz, Studiendirektorin an der Technischen Universität in München.

Es waren die Behindenen selbst, die sie darauf brachten. Befragt nämlich, was sie in ihrer Freizeit am liebsten machen würden, antworteten die Buben und Mädchen erstaunlich oft: Tanzen, und zwar mit nichtbehinderten Partnern! Bei den blinden Mädchen stand dieser Wunsch an allererster, bei den gehörlosen Mädchen an zweiter Stelle, vor Wandern, Fernsehen, Musikhören, Lesen usw. Auch bei den Körperbehinderten stand der Wusch zu tanzen erstaunlich weit oben in der Liste ihrer Freizeitinteressen. Frau Krombholz machte sich daran, den Traum in die Tat umzusetzen.

Dass Tanz und Behinderung sich nicht grundsätzlich ausschließen, wusste man bereits. Die Sportlehrer an den Behindertenschulen hatten schon Wege und Mittel gefunden und auch gute Erfahrungen damit gesammelt. Rhythmus kann nämlich auch von Gehörlosen wahrgenommen werden, zum Beispiel durch die Vibration des Bodens. Und warum sollen sich Rollstühle nicht im Takt der Musik bewegen lassen?

Mit dem Plan, die verschiedenen Behindertengruppen zusammenzuführen, sie durch eine Gruppe nichtbehinderter Partner zu ergänzen und dann gemeinsam den Tanz zu versuchen, betrat Frau Krombholz Neuland. Die Gruppe der Nichtbehinderten fand sie unter den Gymnasiasten der Gesamtschule Geretsried. Zunächst aber übten die Blinden, die Gehörlosen und die Rollstuhlfahrer jeweils für sich mit ihren Sportlehrern die Tanzfiguren. Dann erst begann das gemeinsame Training unter der Leitung von Frau Krombholz. Das kühne Ziel: ein öffentlicher Auftritt beim alljährlichen „Olympiatag" in München. Ein halbes Jahr nach dem Olympiatag 1979 veranstalteten die Geretsrieder ein rauschendes Fest für ihre behinderten Freunde in der Turnhalle des Schulzentrums. Anschließend war es beschlossene Sache, dass auch beim Geretsrieder Schulsportfest im kommenden Jahr die behinderten Freunde aus den drei Landesschulen mitmachen würden. Und wirklich spielte eine Mannschaft von Gehörlosen Basketball gegen eine Geretsrieder Schülermannschaft. Blinde führten Judo vor, einen für sie besonders geeigneten Sport, weil die Kämpfer dabei immer Körperkontakt haben. Unglaublich: Sogar die Rollstuhlfahrer spielten Basketball. Mit von der Partie waren nichtbehinderte Geretsrieder Schüler. Sie spielten ebenfalls von Rollstühlen aus und erfuhren so am eigenen Leibe, wie schwierig es ist, sich damit zu bewegen, darin zu leben. Die Behinderten waren beim Sportfest mit Feuereifer dabei. Sie fühlten sich, genau wie beim Tanzen, in die Gemeinschaft der Nichtbehinderten aufgenommen. Oberstudiendirektor Schiel vom Gymnasium Geretsried freut sich über das große soziale Engagement seiner Schüler und zwar vor allem deshalb, weil es keine Pflichtübung ist, sondern von Herzen kommt. Einzelne haben sich sogar so eng mit ihrem behinderten Partner angefreundet, dass sie ihn mit auf die Ferienreise nehmen. Andere besuchen gemeinsam einen Tanzkurs.

Der menschliche Gewinn auf beiden Seiten ist gleich groß. Die Behinderten fühlen sich nicht länger als unerwünschte Außenseiter. Das hilft ihnen, ihr schweres Los zu tragen. Die Nichtbehinderten aber gewinnen ein unverkrampftes, natürliches Verhältnis zum Behinderten. "Früher habe ich immer verlegen weggeschaut, wenn einer im Rollstuhl saß", gesteht ein junger Mann. "Heute sehe ich mit einem Blick, ob er Hilfe braucht. Manchmal ist es eine Kleinigkeit, z. B. dass man ihm die Tür aufhält. Und das mache ich dann halt." Aber der Kontakt mit behinderten Gleichaltrigen verhilft nicht nur zu der eigentlich selbstverständlichen Rücksicht und Hilfeleistung. Die jungen Leute lernen vor allem auch, in dem Behinderten den Menschen zu sehen, der mit einem schweren Schicksal fertig werden muss, der ein Beispiel gibt für Lebensmut und Überwindung, für Standhaftigkeit im Leid. Solche Erfahrungen machen bescheiden. Sie lehren, die eigenen kleinen Kümmernisse im richtigen Maßstab zu sehen

aus: Schule & Wir, Nr. 1/1981, Bayerisches Kultusministerium

Arbeitsaufgaben:

❶ Verfasst an Hand dieses Textes einen Kurzbericht mit sechs Sätzen für die Zeitung!
❷ Nennt andere Möglichkeiten, wie behinderte und nicht-behinderte Kinder miteinander leben können!
❸ Warum dürfen behinderte Kinder von uns nicht ausgegrenzt werden?

| ETHIK | Name: | Klasse: | Datum: | Nr. |

Anderen helfen - aber wie?

Text 1: Muchas gracias

Anfang Juli erreichte die Geschäftsstelle des Bayerischen Lehrerinnen- und Lehrerverbandes (BLLV) ein dickes Paket aus Mexiko. Was wird das wohl sein? Beim Öffnen war die Überraschung groß: Hand-, Bastel- und Malarbeiten, Fotos und Briefe der Schüler der Grundschule „Quirino Mendoza y Cortes" in Xochimilco für ihre bayerischen Schulkameraden, die so engagiert für den Wiederaufbau der vom Erdbeben zerstörten Schule gesammelt hatten. In den vielen Briefen kommt die tiefe Dankbarkeit der mexikanischen Schüler zum Ausdruck.

Eine 4. Klasse schreibt:

"Als wir erfahren, auf welche Art und Weise ihr das Geld beschafft habt, um uns beim Aufbau unserer Schule zu helfen, die bei dem Erdbeben im September 1985 zerstört wurde, waren wir gerührt und glücklich, dass es Menschen auf der Welt gibt, die uns helfen. Aus diesem Grund bestickte unsere Klasse Taschentücher mit Motiven, die uns viel bedeuten - wir hoffen euch auch. Wir wählten ein weißes Taschentuch, als Symbol des Friedens. Wir bestickten dies mit einem mexikanischen Motiv und schicken es euch als Zeichen des Dankes für eure wertvolle Hilfe."

Ein Mädchen aus einer 2. Klasse legte folgenden Brief bei:

" Liebe deutsche Freunde!

Ich freue mich sehr darüber, euch diesen Brief zu schreiben. Denn auf diese Weise stehe ich in Verbindung mit den Kindern Deutschlands, die ihren Freunden in Not geholfen haben. Ich möchte, dass ihr wisst, dass wir Kinder aus Xochimilco euch sehr dafür danken, dass ihr den Wiederaufbau unserer zerstörten Schule ermöglicht habt. Ich glaube, in Deutschland haben wir Mexikaner Freunde und Brüder. Gemeinsam werden wir deutsche und mexikanische Kinder durch die Welt ziehen und ein Lied singen, das alle Kinder auffordert, uns bei der Hand zu nehmen, um uns gegenseitig zu schätzen und zu respektieren."

Text 2: Ein guter Gedanke

Einer Mutter und dem Schulleiter fällt auf, dass direkt neben der Schule eine kleine Gruppe behinderter Menschen lebt. Ohne langes Zögern geht Frau H., Elternbeirätin der Schule, auf die Randgruppe zu, klopft an die Tür der behinderten Nachbarn und überbringt ihnen eine Einladung der Schule. Sie löst Freude und Überraschung aus und wird selbstverständlich angenommen. Als alle behinderten Nachbarn tatsächlich der Einladung ins Schulhaus folgen, wartet dort auf sie eine Überraschung. Schüler, Eltern und Lehrer haben ein Schulfest auf die Beine gestellt. Mit Theaterstücken, Gedichtvorträgen und Musikdarbietungen will man den Gästen eine kleine Freude bereiten. Bald ist das Eis gebrochen, werden die Beziehungen zu den Behinderten enger geknüpft. Ein halbes Jahr später: Mittlerweile besuchen manchmal die körperbehinderten Nachbarn die Kinder in der Klasse. Im Kunstunterricht erzählen sie von ihrer körperlichen Beeinträchtigung und erklären, wie sie damit im täglichen Leben fertig werden. Die Kinder erfahren dabei, dass gerade kunsthandwerkliche Arbeiten für Behinderte eine wichtige Alltagsstütze sind, ihr Leben bereichern und Selbstvertrauen und Sinn geben. Auch die Schüler gehen in ihrer Freizeit auf die Behinderten zu. Dann leisten sie kleine Helferdienste im Haushalt und erledigen freiwillig Einkäufe und Behördengänge. Auch als Gesprächspartner sind die Buben und Mädchen willkommen. Sie leisten Gesellschaft und teilen so mit den Behinderten für ein paar Stunden ihre Zeit.

Arbeitsaufgaben:

❶ Warum wurde den Kindern in Mexico von deutschen Schülerinnen und Schülern geholfen?
❷ Wie reagierten die mexikanischen Kinder?
❸ Warum freut man sich über Hilfestellungen, wenn man sie braucht?
❹ Warum kann man auch in unserer unmittelbaren Nähe helfen?
❺ Nenne Gruppen in unserer Gesellschaft, die Hilfe brauchen!
❻ Was könnt ihr ganz konkret tun, um behinderten Mitschülern zu helfen?
❼ Sollte man Schulen für Behinderte und Nicht-Behinderte einrichten?
❽ Welche Vorteile hätte eine solche Schule?

| ETHIK | Name: | Klasse: | Datum: | Nr. |

Hilfe durch Handel(n)

Erich Kästner, der deutsche Schriftsteller und Autor der bekannten Kinderbücher "Das doppelte Lottchen", "Emil und die Detektive" und "Das fliegende Klassenzimmer" sagte einmal:
"Es gibt nichts Gutes, außer man tut es!"

Wenn ihr eine Hilfsaktion plant, solltet ihr folgende Fragen überlegen:

☐ _____
_____
☐ _____
☐ _____
☐ _____
☐ _____
☐ _____

Übrigens:
Was Solidarität ausmacht:
☐ Friede wird, wenn der Gegensatz arm und reich aufgehoben ist.
☐ Friede wird, wenn mit Gewalt das Recht auf der Welt für alle durchgesetzt wird.
☐ Friede wird, wenn die Güter auf der Erde gerecht verteilt sind.

| ETHIK | Name: | Klasse: | Datum: | Nr. |

Lösung: Hilfe durch Handel(n)

Erich Kästner, der deutsche Schriftsteller und Autor der bekannten Kinderbücher "Das doppelte Lottchen", "Emil und die Detektive" und "Das fliegende Klassenzimmer" sagte einmal: *"Es gibt nichts Gutes, außer man tut es!"*

Wenn ihr eine Hilfsaktion plant, solltet ihr folgende Fragen überlegen:

- ☐ *Wir fragen uns: Wem wollen wir helfen? Wie wollen wir es machen? Warum tun wir es?*
- ☐ *die eigenen Möglichkeiten vernünftig abschätzen*
- ☐ *den Rat von Fachleuten suchen*
- ☐ *einen Tätigkeitsplan entwerfen*
- ☐ *die Aufgaben an alle Schüler verteilen*
- ☐ *den Plan überprüfen und überarbeiten*

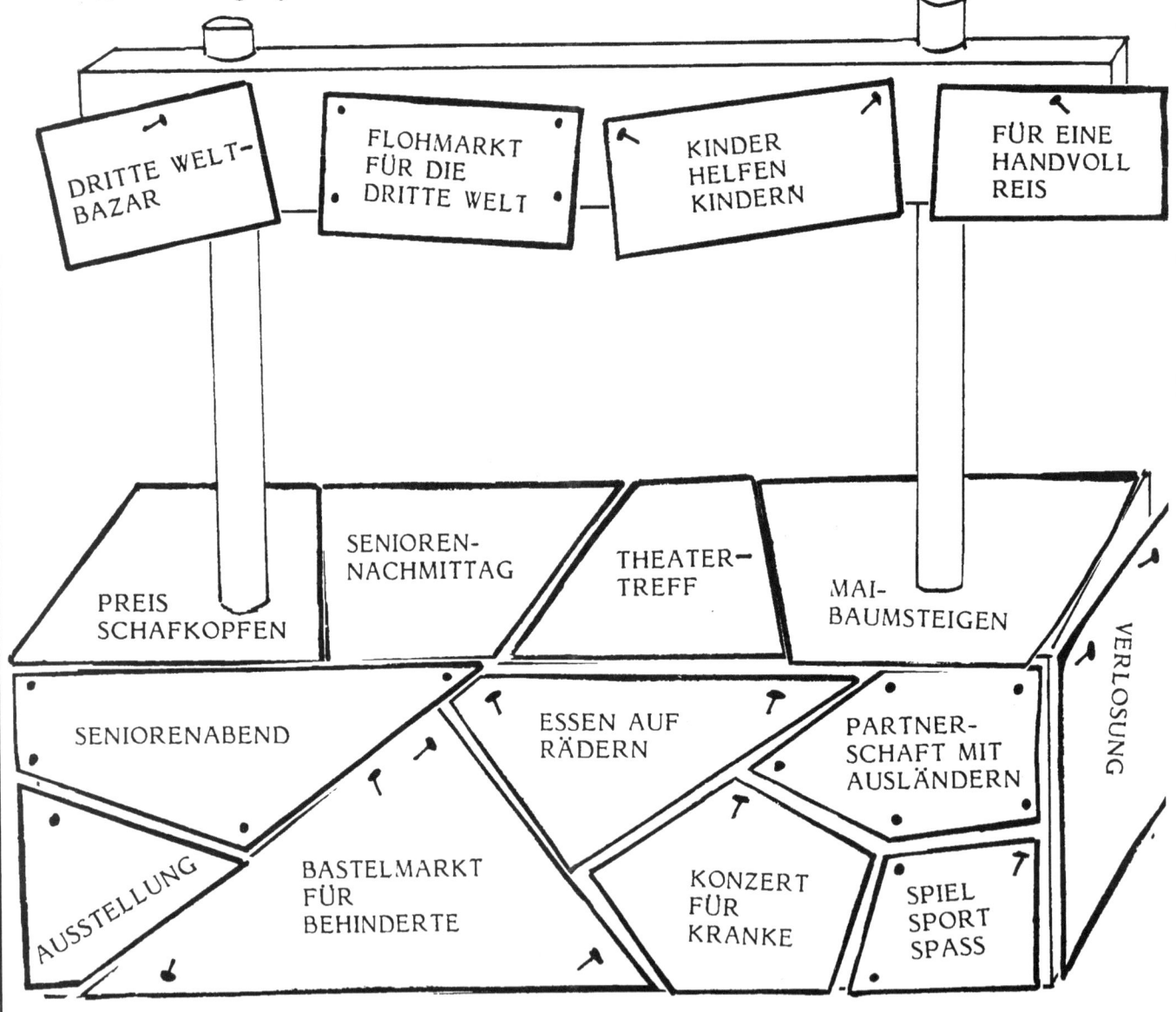

DRITTE WELT-BAZAR • FLOHMARKT FÜR DIE DRITTE WELT • KINDER HELFEN KINDERN • FÜR EINE HANDVOLL REIS

PREIS SCHAFKOPFEN • SENIORENNACHMITTAG • THEATERTREFF • MAIBAUMSTEIGEN • VERLOSUNG

SENIORENABEND • ESSEN AUF RÄDERN • PARTNERSCHAFT MIT AUSLÄNDERN

AUSSTELLUNG • BASTELMARKT FÜR BEHINDERTE • KONZERT FÜR KRANKE • SPIEL SPORT SPASS

Übrigens:
Was Solidarität ausmacht:

- ■ Friede wird, wenn der Gegensatz arm und reich aufgehoben ist.
- ☐ Friede wird, wenn mit Gewalt das Recht auf der Welt für alle durchgesetzt wird.
- ■ Friede wird, wenn die Güter auf der Erde gerecht verteilt sind.

| ETHIK | Name: | Klasse: | Datum: | Nr. |

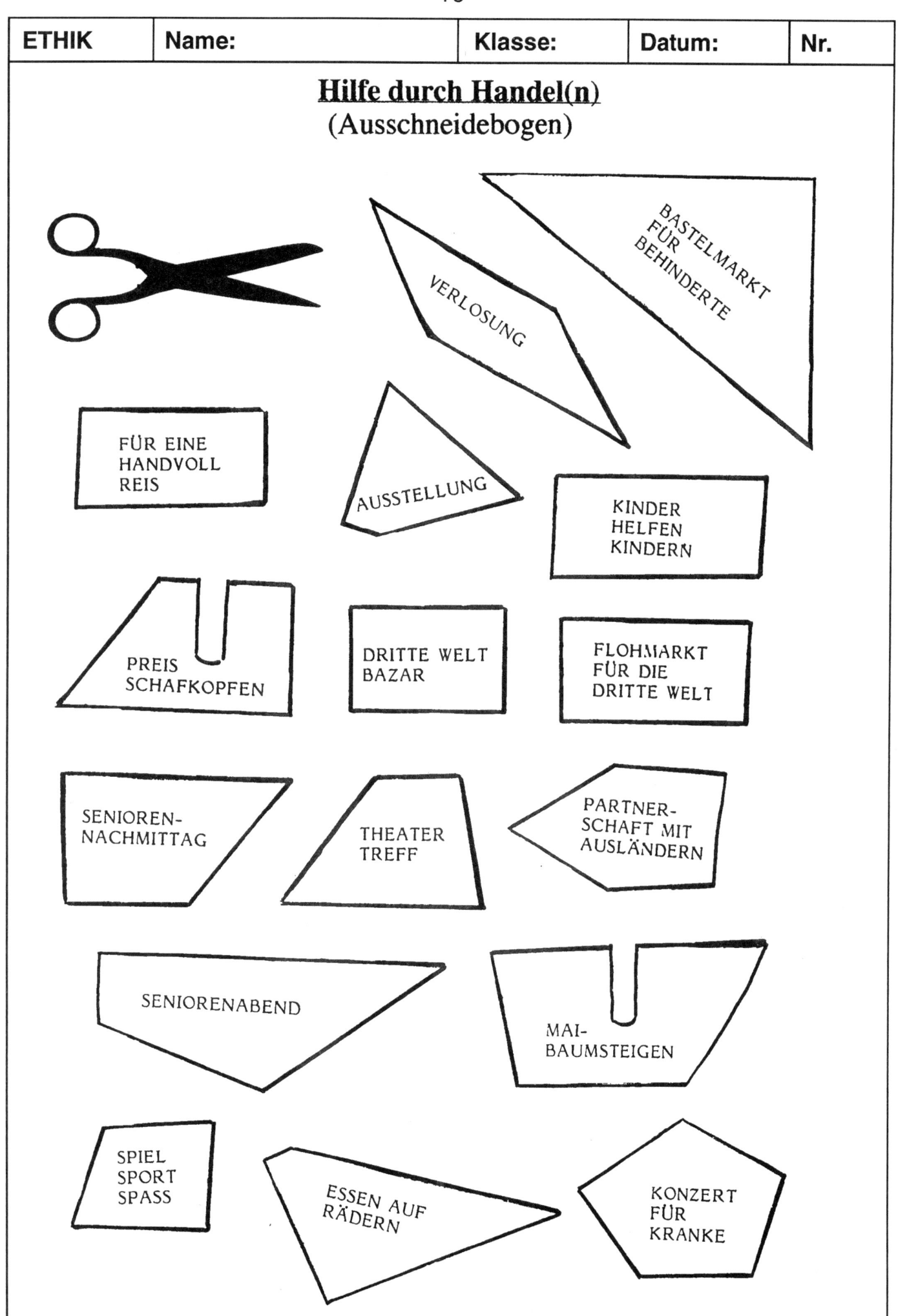

Hilfe durch Handel(n)
(Ausschneidebogen)

- BASTELMARKT FÜR BEHINDERTE
- VERLOSUNG
- FÜR EINE HANDVOLL REIS
- AUSSTELLUNG
- KINDER HELFEN KINDERN
- PREIS SCHAFKOPFEN
- DRITTE WELT BAZAR
- FLOHMARKT FÜR DIE DRITTE WELT
- SENIOREN-NACHMITTAG
- THEATER TREFF
- PARTNER-SCHAFT MIT AUSLÄNDERN
- SENIORENABEND
- MAI-BAUMSTEIGEN
- SPIEL SPORT SPASS
- ESSEN AUF RÄDERN
- KONZERT FÜR KRANKE

| ETHIK | Name: | Klasse: | Datum: | Nr. |

Steyler Missionare berichten von einer philippinischen Insel

Wenn ich Berge versetzen könnte - und das sollten wir ja eigentlich, wenn unser Glaube so groß wäre wie ein Senfkorn -, dann würde ich den Butterberg der EG nach Mindoro verpflanzen. Auch würde ich den Überfluss des Magermilchpulvers, dessen Ende noch nicht abzusehen ist, in unseren Kindergarten leiten. Schade auch um das viele Obst und Gemüse, das im vergangenen Jahr in Europa, also in der sogenannten Ersten Welt, vernichtet wurde. Bei uns hier in der Dritten Welt ist das Milchpulver, weil es von draußen kommt, so sündhaft teuer, dass ich es für die Kleinen im Kindergarten nicht mehr kaufen kann. Schließlich beträgt mein Monatsgehalt, das mir der Bischof auszahlt, immer noch 200 Pesos, auf gut deutsch 28,57 DM. Soviel erhält in Deutschland ein Mechaniker, wenn er innerhalb von zwei Minuten seinem Kunden die zugeschlagene Autotür wieder aufmacht. Doch ich will mich nicht beklagen. Außerdem ist dieses Gehalt ja auch nicht für mich persönlich gedacht. Es ist nur eine Hilfe für die Pfarrei.

Schon sind es zehn Jahre her, dass ich hier die neue Station Magsaysay eröffnet habe. Zwei Wochen vor Weihnachten kam ich an. Das Pfarrhaus war nicht einmal halb fertig. Jeden Tag Sturm und Regen gegen alle Regel. Ich erinnere mich mit Grauen wie ich in der Notkapelle dauernd im Wasser stand und mich nicht einmal niederknien konnte. Ja, das waren Zeiten! Für einen alten Missionar besteht die Gefahr, dass er abstumpft gegen alles Elend und die täglichen Nöte. Zu meinem Glück muss ich gestehen: Ich habe noch immer so etwas wie ein schlechtes Gewissen, wenn ich gelegentlich einmal gut esse.

Neulich traf ich einen alten Freund, einst Lehrer in unserer Missionsschule. "Na, wie geht's?" Dumme Frage! Es ging ihm schlecht. Das konnte ich sehen. Vom Schlag getroffen, seitdem einseitig gelähmt, ohne Arbeit, ohne Pension, ohne Unterstützung. Bettelte sich durch bei Verwandten und Freunden. Das wurmte den früher so ehrgeizigen Mann, der vor Jahren einmal als Bürgermeister kandidiert hatte. Obendrein hatte ihn seine Frau, ehemals Schönheitskönigin der Stadt, mit fünf Kindern sitzen lassen. Verbittert kam er zu mir. Ob ich ihm eventuell helfen könne. Er wolle eine kleine Popcorn-Fabrik aufmachen. Gerne gab ich ihm Hilfe. Schwierigkeiten gab es anfangs mehr als genug. Allein die Knallerei beim Rösten der Maiskörner ging vielen Nachbarn auf die sonst starken Nerven. Wenn beispielsweise einer sein Radio plärren lassen will, dann tut er es, selbst wenn es Mitternacht ist. Keiner wird sich bechweren. Vielleicht war es hier nur der pure Neid, dass der bisher hilflose Mann eine neue Existenz gefunden hatte.

Da ist noch der kleine Perlito! Eigentlich wollte ich seine Mutter ins Hospital bringen. Bereits hoffnungslos - Tuberkulose. Ein Knirps kroch da immer zwischen meinen Beinen herum, etwa vier Jahre alt. Er konnte nicht aufrecht stehen, das Rückgrat verkrümmt, von der Treppe gefallen. Er hatte eine eiternde Wunde. Also: Perlito musste ins Krankenhaus.

Der eigentliche Held aber wurde mein Hausjunge und Koch, der zwanzigjährige Krisanto. Er hat den kleinen Patienten betreut und einen Monat bei ihm ausgehalten. Er musste ihn füttern, abhalten, trocken legen, umhertragen, Wiegenlieder singen. Als Perlito schließlich mit einem schweren Gipspanzer wieder nach Hause kam, war die Mutter verstorben. Der Vater bat mich dringend, den Jungen zu adoptieren. Er würde ihn mir schenken. Nach drei Wochen pilgerten wir wieder zu der kleinen Siedlung, um Perlito von seinem Gipsjackett zu befreien. Der aber kam uns entgegen, noch etwas schwach auf den dürren Beinen, aber ohne den lästigen Panzer, der zu heiß war, juckte und Wanzen und Läusen als Tummelplatz gedient hatte. Perlito ist also wieder gesund. Mein Held aber bleibt Krisanto.

P. Georg Koschinski, svd

Übrigens:

Viele Menschen handeln nach zwei wichtigen Grundsätzen, die Jesus Christus vor 2.000 Jahren in Palästina verkündet hat: *(Kreuze die beiden richtigen Aussagen an!)*

☐ Liebe deinen Nächsten wie dich selbst!
☐ Es gibt nichts Gutes, außer man tut es!
☐ Was ihr dem Geringsten meiner Brüder getan habt, das habt ihr mir getan!
☐ Handle so, wie du willst, dass die anderen handeln!

| ETHIK | Name: | Klasse: | Datum: | Nr. |

Kinder brauchen Hilfe (auch bei uns!)

Text 1: Lernferien oder: Kleine Dienste - große Wirkung!

Auf einem stillen Landgasthof kehrt alljährlich im Sommer junges Leben ein. Ein Dutzend Schüler aus der Großstadt mietet sich das Quartier für drei Wochen "Lernferien". Im Intensivkurs soll während der Urlaubszeit alles neu erklärt, geübt und aufgefrischt werden, was vorher im Unterricht versäumt, nicht verstanden oder inzwischen vergessen wurde. Der Grund für so viel Ferienfleiß: Die 13- bis 15jährigen Schüler schleppen ein Kummerpaket mit sich. Sie haben das Klassenziel knapp verfehlt, dürfen aber vorrücken, wenn sie im Herbst eine Nachprüfung schaffen. Doch für dieses geistige Trainingslager an dem abgeschiedenen Ort brauchen sie versierte Übungsleiter. Unter dem Motto "Schüler helfen Schülern" stellen sich leistungsstarke Könner aus den Oberklassen dafür zur Verfügung. Selbstverständlich honorarfrei. Erwünschter Doppeleffekt: Die nur ein paar Jahre älteren Ferienlehrer helfen mit ihrer Aktion nicht nur den "Sorgenkindern", sondern auch sich selbst. Sie frischen alten Lernstoff wieder auf, den sie für die eigene Abschlussprüfung bald gut brauchen können. Aber während der drei Wochen auf dem Lande wird nicht nur gebüffelt. Auch die Erholung kommt zu ihrem Recht mit Minigolf, Schwimmen und Sommerski.

Jeder Tag beginnt mit einem Waldlauf und endet am Abend in einer fröhlichen Runde beim Hüttenwirt. Man macht Musik, plaudert miteinander und verliert in den drei Wochen klammheimlich die Angst vor der Prüfung. Die Schulleitung berichtet von erstaunlichen Erfolgen. Seitdem es die Lernferien gibt, schaffen 9 von 11 Kandidaten die Wiederholungsprüfung im Herbst. Dazu kann man wirklich nur gratulieren.

Beantwortet folgende Fragen!

❶ Warum ist die Idee der Lernferien so gut?

❷ Wie denkt ihr über die Hilfestellung der älteren Schüler für die 13- bis 15jährigen?

❸ Würdet ihr eure eigenen Ferien auch für andere Mitschüler opfern?

Text 2: Augen auf, Ohren auf, Video ist da! Oder: Verkehrssicherheit optimal!

Viele Eltern machten sich Sorgen um den sicheren Schulweg der Kinder. Zwei gefährliche Straßenkreuzungen mussten überquert werden. Morgens und mittags spielten sich hier immer wieder beängstigende Szenen ab. Der Gehsteig wimmelte von Kindern, die in die Straße hineinrannten, plötzlich Angst bekamen, wieder kehrt machten, um später erneut zu starten.

Räder quietschten, Autofahrer schimpften: ein einziges Hupkonzert tagaus, tagein. Hier musste etwas geschehen, bevor sich der Unfall sein Opfer suchte. Da kam von Elternseite eine rettende Idee. Man fand nämlich einen Fachmann, der per Video die wunden Verkehrspunkte bei der Schule ins Visier nahm. Mit versteckter Kamera hielt er von einem geparkten Fahrzeug aus das Verhalten der Schulkinder und Autofahrer fest. Positive und negative Beispiele bannte er so auf den Bildstreifen. Zur Vorführung des Films wurden dann Kinder, Eltern und Lehrer ins Schulhaus eingeladen. Gemeinsam beobachtete man Szene für Szene, stoppte bei besonders wichtigen Stellen den Film, ließ ihn zurückspulen und wiederholte eine Bildfolge nach der anderen. Dabei besprach und erklärte man alles, was richtig oder falsch gemacht wurde. Auf diese Weise erlebten die Kinder mit eigenen Augen, wie und wodurch es immer wieder zu kritischen Situationen auf den Kreuzungen kommt. Kein Schüler brauchte sich bei der Vorführung übrigens bloßgestellt fühlen. Das unbestechliche Kameraauge bewies, dass auch Erwachsene nicht weniger oft die Verkehrsregeln missachten.

Auf die Filmvorführung folgte Teil zwei der Aktion. Begleitet von einem Verkehrspädagogen und Polizeibeamten, hielten Lehrer und Schüler einen Ortstermin an den gefährlichen Kreuzungen. Man übte gemeinsam das sichere Überqueren der Straße. Auch die Eltern waren zu diesem Training eingeladen.

Versucht auch diese Fragen zu beantworten!

❶ Welche Vorteile bringt die Arbeit des Videofilmers der Schulfamilie?

❷ Warum ist seine Arbeit auch für die Zukunft so wichtig?

❸ Was könnt ihr für die Verkehrssicherung rund um euer Schulhaus tun?

| ETHIK | Name: | Klasse: | Datum: | Nr. |

Lösung: Kinder brauchen Hilfe (auch bei uns!)

Text 1: Lernferien oder: Kleine Dienste - große Wirkung!

Auf einem stillen Landgasthof kehrt alljährlich im Sommer junges Leben ein. Ein Dutzend Schüler aus der Großstadt mietet sich das Quartier für drei Wochen "Lernferien". Im Intensivkurs soll während der Urlaubszeit alles neu erklärt, geübt und aufgefrischt werden, was vorher im Unterricht versäumt, nicht verstanden oder inzwischen vergessen wurde. Der Grund für so viel Ferienfleiß: Die 13- bis 15jährigen Schüler schleppen ein Kummerpaket mit sich. Sie haben das Klassenziel knapp verfehlt, dürfen aber vorrücken, wenn sie im Herbst eine Nachprüfung schaffen. Doch für dieses geistige Trainingslager an dem abgeschiedenen Ort brauchen sie versierte Übungsleiter. Unter dem Motto "Schüler helfen Schülern" stellen sich leistungsstarke Könner aus den Oberklassen dafür zur Verfügung. Selbstverständlich honorarfrei. Erwünschter Doppeleffekt: Die nur ein paar Jahre älteren Ferienlehrer helfen mit ihrer Aktion nicht nur den "Sorgenkindern", sondern auch sich selbst. Sie frischen alten Lernstoff wieder auf, den sie für die eigene Abschlussprüfung bald gut brauchen können. Aber während der drei Wochen auf dem Lande wird nicht nur gebüffelt. Auch die Erholung kommt zu ihrem Recht mit Minigolf, Schwimmen und Sommerski.

Jeder Tag beginnt mit einem Waldlauf und endet am Abend in einer fröhlichen Runde beim Hüttenwirt. Man macht Musik, plaudert miteinander und verliert in den drei Wochen klammheimlich die Angst vor der Prüfung. Die Schulleitung berichtet von erstaunlichen Erfolgen. Seitdem es die Lernferien gibt, schaffen 9 von 11 Kandidaten die Wiederholungsprüfung im Herbst. Dazu kann man wirklich nur gratulieren.

Beantwortet folgende Fragen!

❶ Warum ist die Idee der Lernferien so gut?
 Man opfert Zeit für andere, denkt an ein gemeinsames Ziel, zeigt Hilfsbereitschaft.

❷ Wie denkt ihr über die Hilfestellung der älteren Schüler für die 13- bis 15jährigen?
 Die älteren Schüler versetzen sich in die Schwächen der jüngeren, lernen selbst hinzu.

❸ Würdet ihr eure eigenen Ferien auch für andere Mitschüler opfern?
 eigene Meinung

Text 2: Augen auf, Ohren auf, Video ist da! Oder: Verkehrssicherheit optimal!

Viele Eltern machten sich Sorgen um den sicheren Schulweg der Kinder. Zwei gefährliche Straßenkreuzungen mussten überquert werden. Morgens und mittags spielten sich hier immer wieder beängstigende Szenen ab. Der Gehsteig wimmelte von Kindern, die in die Straße hineinrannten, plötzlich Angst bekamen, wieder kehrt machten, um später erneut zu starten.

Räder quietschten, Autofahrer schimpften: ein einziges Hupkonzert tagaus, tagein. Hier musste etwas geschehen, bevor sich der Unfall sein Opfer suchte. Da kam von Elternseite eine rettende Idee. Man fand nämlich einen Fachmann, der per Video die wunden Verkehrspunkte bei der Schule ins Visier nahm. Mit versteckter Kamera hielt er von einem geparkten Fahrzeug aus das Verhalten der Schulkinder und Autofahrer fest. Positive und negative Beispiele bannte er so auf den Bildstreifen. Zur Vorführung des Films wurden dann Kinder, Eltern und Lehrer ins Schulhaus eingeladen. Gemeinsam beobachtete man Szene für Szene, stoppte bei besonders wichtigen Stellen den Film, ließ ihn zurückspulen und wiederholte eine Bildfolge nach der anderen. Dabei besprach und erklärte man alles, was richtig oder falsch gemacht wurde. Auf diese Weise erlebten die Kinder mit eigenen Augen, wie und wodurch es immer wieder zu kritischen Situationen auf den Kreuzungen kommt. Kein Schüler brauchte sich bei der Vorführung übrigens bloßgestellt fühlen. Das unbestechliche Kameraauge bewies, dass auch Erwachsene nicht weniger oft die Verkehrsregeln missachten.

Auf die Filmvorführung folgte Teil zwei der Aktion. Begleitet von einem Verkehrspädagogen und Polizeibeamten, hielten Lehrer und Schüler einen Ortstermin an den gefährlichen Kreuzungen. Man übte gemeinsam das sichere Überqueren der Straße. Auch die Eltern waren zu diesem Training eingeladen.

Versucht auch diese Fragen zu beantworten!

❶ Welche Vorteile bringt die Arbeit des Videofilmers der Schulfamilie?
 Man zeigt Problemsituationen und überlegt, wie man Verkehrsteilnehmern helfen kann.

❷ Warum ist seine Arbeit auch für die Zukunft so wichtig?
 Sie verhindert Unfälle, indem sie Probleme aufzeigt und Abhilfe schaffen will.

❸ Was könntest du für die Verkehrssicherung rund um euer Schulhaus tun?
 eigene Vorschläge

Soziale Verantwortung: anderen in Not helfen

❶ Der Einzelne als Helfer

Verantwortliches Handeln und soziales Engagement
als wichtiger Schritt zur Selbstfindung und zur
Entwicklung eines Selbstwertgefühls
Verständnis für Nöte, Sorgen und Ängste anderer
Menschen
Entwicklung von Vorstellungen und Konzepten,
wie man konkret Hilfe leisten kann

- "Das Schlimme ist, dass unsere Arbeit nichts bessert" — AB, Text
- Warum arbeiten Barbara und die anderen Mädchen im Altenheim? — AB, Bild
- Menschliche Probleme — AB, Bilder
- Wie hilft der CARITAS-Verband notleidenden Menschen? — AB, Tabelle
- Brauchen Behinderte Hilfe nur vom Staat? — AB, Bilder
- Warum brauchen ausländische Mitbürger unsere Hilfe? — AB, Bild
- Helfen - aber wie? — AB, Bilder
- Die "Ameise" im Land der Mapuche — AB, Text
- Wie hilft die Kirche in aller Welt? — AB, Bilder
- Sehen, wo Hilfe gebraucht wird! — AB, Bilder
- "Wie kann Gott so viel Leid zulassen?" — AB, Text
- Warum arbeitet Schwester Andrea in den Slums von Kalkutta? — AB, Bilder
- Wie hilft UNICEF? — AB, ASB
- Misereor hilft in der ganzen Welt — AB, Bilder

Gespräch über die Arbeit staatlicher, kirchlicher und
privater Hilfsorganisationen
Diskussion über soziales Engagement als Möglichkeit
zur Selbstfindung
in Einzel-, Partner- und/oder Gruppenarbeit
durch Text- und/oder Bildanalyse, Beantwortung von
Fragen, Zuordnungsübungen, Schneide- und Klebearbeit,
Text- und Bildgestaltung, Ausstellung, Merksatzfindung

Entwicklung und paktische Umsetzung eines Projektes

❷ Der Einzelne als hilfsbedürftige Person

Mut, sich in Problemsituationen selbst Hilfe zu holen
Kennenlernen von Beratungsstellen (Telefonseelsorge)
- Der Einzelne als hilfsbedürftige Person — AB, Text

Gespräch über Möglichkeiten, sich Hilfe bei Konflikten
zu holen (Eltern, Lehrer, Beratungsstellen, Freunde)
Diskussion mit der Beratungslehrkaft der Schule
Kennen lernen außerschulischer Beratungsstellen
durch Besuch einer Einrichtung
in Einzel-, Partner- und/oder Gruppenarbeit
durch Textanalyse, Beantwortung von Fragen,
Rollenspiel und Exkursion

| ETHIK | Name: | Klasse: | Datum: | Nr. |

„Das Schlimme ist, dass unsere Arbeit nichts bessert"
Altenpflegerinnen können den Lebensabend nur erleichtern

Frieda Mühlbauer isst. In der zitternden Rechten hält sie eine Gabel. Hering, Pellkartoffeln und Remouladensauce klatschen vor jedem Bissen auf das Tischtuch und auf den sorgsam mit Servietten geschützten Schoß der alten Dame, die vor Jahren einen Schlaganfall erlitten hat.

Neben ihr sitzt Schwester Agnes. Sie darf nicht eingreifen. Frieda Mühlbauer will nicht so hilflos scheinen, wie ihre Zimmernachbarin im Altenheim. Die leidet an multipler Sklerose und muss gefüttert werden. »Wenn ich ihr dreinpfuschen würde, wäre das ein schrecklicher Abstieg für sie«, erklärt Agnes. Sie ist Altenpflegerin.

Ein Beruf mit Zukunft, wenn man in die Statistik schaut. In 50 Jahren wird jeder dritte Münchner über 60 Jahre alt sein. Viele von ihnen werden dann auf die Pflege von Frauen wie Agnes, Annette, Barbara, Marianne und Patrizia angewiesen sein.

Die Vier arbeiten auf der Station B des Städtischen Altenheimes an der Manzostraße 105 in Untermenzing. Das Heim, nach dem ehemaligen Münchner Sozialreferenten Hans Sieber benannt, ist das jüngste, modernste und vorzeigbarste unter den Altenheimen der Stadt. Hier leben 225 alte Menschen, die sich selbst versorgen können, und 72 Pflegebedürftige.

Auf Station B beginnt der Tag um halb sieben. 21 gebrechliche Leute müssen geweckt und gewaschen, aufs Klo gebracht oder frisch gewindelt, angezogen und in den Rollstuhl gesetzt werden. Damit sind die vier Mädchen von der Frühschicht erst mal ausgelastet. Barbara: „Um halb neun sind die Fälle fertig, die wir nicht zu zweit waschen müssen."

Barbara, eine hübsche, blonde 20jährige, hat diese Arbeit nicht gelernt. Sie studiert Sozialpädagogik und will in die Altenpsychiatrie. Die acht Tage pro Monat Nebenjob im Heim sieht sie als Training für später, sie verdient 513 Mark.

Schwester Agnes, ein zartes Mädchen von 22 Jahren, ist als einzige ausgebildete Altenpflegerin in dieser Schicht für die Station verantwortlich.

Patrizia, gerade 19, absolviert im Heim ihr freiwilliges soziales Jahr. Abends bleibt sie noch länger und redet mit den Alten: "Das ist mir lieber als die Glotze."

Annette, 22, betreut die Bewohner. Sie liest Münchner Geschichten vor („Alles, was Mundart ist, kommt an"), geht mit ihnen im Garten spazieren. Ihre Chefin Judith Mayer, die Leiterin des Pflegedienstes, ist 28. Sehr junge Pflegerinnen für sehr alte Leute. Einzige Ausnahme ist Marianne Keßler, die 50jährige. »Meine Kinder sind längst aus dem Gröbsten, mir wurde es zu Hause einfach langweilig.« Deshalb hat sich die ehemalige Krankenschwester einen Beruf gesucht, der sie wieder mit Menschen zusammenbringt.

Für die Jüngeren ist Marianne Keßler eine wichtige Kollegin. Eine, die erfahrener, gelassener ist als sie selbst. Und „altersmäßig einfach dichter dran an den Leuten."

Die „Leute" sind debil, also geistesschwach auf Grund des Alters, oder desorientiert - sie finden sich alleine nicht mehr zurecht. Und sie sind Sozialfälle. Nur vier der 21 Bewohner auf Station B sind in der Lage, den Pflegesatz von 2460 Mark monatlich aus ihrer eigenen Tasche zu bezahlen. Judith Mayer: »Das erwischt auch Leute, die dachten, für ihr Alter vorgesorgt zu haben. Wenn einer mit einigen zehntausend Mark hier einzieht, dann ist sein Vermögen in ein paar Jahren dahingeschmolzen.« Dann sind die alten Leute auf Sozialhilfe angewiesen - mit 120 Mark Taschengeld im Monat.

Wer, wie Therese Ullmann, ins Kino will, um sich „Carmen" anzusehen, ist das halbe Monatsgeld los. Das Taxi in die Innenstadt und zurück kostet die Rollstuhlfahrerin 50 Mark, der Eintritt zehn Mark. Es ist Abend. Agnes misst beim 89jährigen Emil Friedrich Fieber - 39 Grad. Er bekommt Wadenwickel, dann frische Windeln und weiche Schaffell-Socken an die Füße, damit er sich an den Fersen nicht wundliegt. Ernst Friedrich ist ein „Langlieger". Er kann seit Wochen nicht mehr aufstehen. Später, als sich die Pflegerinnen im Stationszimmer bei Kaffee und Zigarette ausruhen, sagt eine: »Das Schlimmste ist, dass unsere ganze Arbeit nichts bessert. Die Leute werden immer älter und kränker und irgend wann sterben sie. Damit müssen wir uns abfinden.«

Anne Urbauer, Abendzeitung München

| ETHIK | Name: | Klasse: | Datum: | Nr. |

Warum arbeiten Barbara und die anderen Mädchen im Altenheim?

Im Münchener Altenheim an der Manzostraße leben 225 alte Menschen, die sich selbst noch versorgen können, und 72 Pflegebedürftige. Hier arbeiten Mädchen und Frauen mit verschiedenen Aufgaben und Absichten. Was machen sie?

BARBARA: _____

AGNES: _____
PATRIZIA: _____
ANNETTE: _____
JUDITH: _____
MARIANNE: _____

Welchen Sinn sehen die Mädchen und Altenpflegerinnen in ihrer Arbeit?
Kreuze die richtigen Aussagen an!
☐ Das Schlimme ist, dass ihre Arbeit nichts bessert.
☐ Das Schöne an ihrer Arbeit ist, dass sie die alten Menschen heilen können.
☐ Sie erleichtern den Lebensabend der alten Menschen.

Übrigens:
Wenn wir uns für andere Menschen einsetzen, profitiert auch unsere eigene Persönlichkeit:
Wir werden reifer und verantwortungsbewusster, wenn wir Pflichten und Aufgaben für die Gesellschaft wahrnehmen.

Bilde aus folgenden Wörtern einen passenden Merksatz: *ist - sich - Helfer - zu - erfahren - Es - schön - als*

[   ]

Sich sozial einsetzen heißt alten Menschen helfen! Schreibe auf, wie dies tagtäglich geschieht:

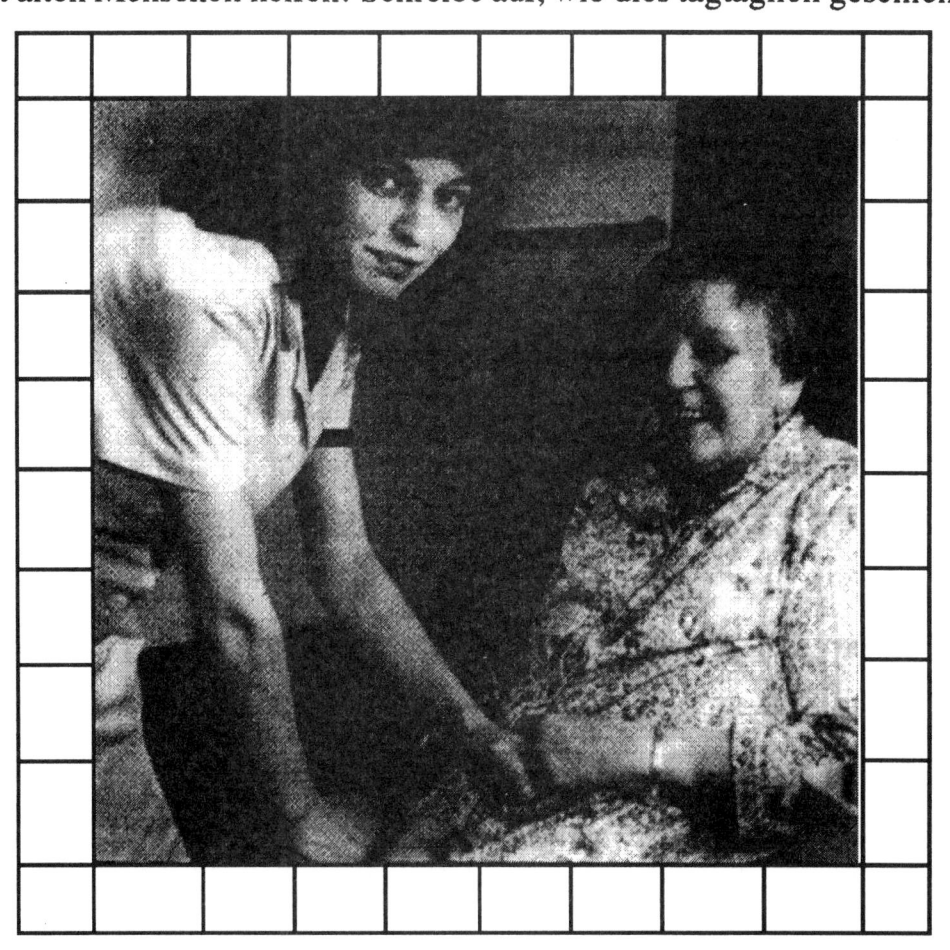

| ETHIK | Name: | Klasse: | Datum: | Nr. |

Warum arbeiten Barbara und die anderen Mädchen im Altenheim?

Im Münchener Altenheim an der Manzostraße leben 225 alte Menschen, die sich selbst noch versorgen können, und 72 Pflegebedürftige. Hier arbeiten Mädchen und Frauen mit verschiedenen Aufgaben und Absichten. Was machen sie?

BARBARA: *studiert Sozialpädagogik, will in Altenpsychiatrie, trainiert für ihren späteren Beruf*
AGNES: *als ausgebildete Altenpflegerin ist sie für eine ganze Station verantwortlich*
PATRIZIA: *leistet das freiwillige soziale Jahr (FSJ) ab*
ANNETTE: *liest Geschichten vor und begleitet die Alten beim Spaziergang*
JUDITH: *leitet den Pflegedienst*
MARIANNE: *kehrt als ehemalige Krankenschwester in einen Beruf zurück*

Welchen Sinn sehen die Mädchen und Altenpflegerinnen in ihrer Arbeit?
Kreuze die richtigen Aussagen an!

■ Das Schlimme ist, dass ihre Arbeit nichts bessert.
☐ Das Schöne an ihrer Arbeit ist, dass sie die alten Menschen heilen können.
■ Sie erleichtern den Lebensabend der alten Menschen.

Übrigens:
Wenn wir uns für andere Menschen einsetzen, profitiert auch unsere eigene Persönlichkeit:
Wir werden reifer und verantwortungsbewusster, wenn wir Pflichten und Aufgaben für die Gesellschaft wahrnehmen.
Bilde aus folgenden Wörtern einen passenden Merksatz: *ist - sich - Helfer - zu - erfahren - Es - schön - als*

Es ist schön, sich als Helfer zu erfahren.

sich sozial einsetzen heißt alten Menschen helfen! Schreibe auf, wie dies tagtäglich geschieht:

wecken
waschen
aufs Klo bringen
Windeln anlegen
beim An) ziehen helfen
in den Rollstuhl setzen
füttern
pflegen
betreuen
versorgen
reden
dienen
helfen
zuhören

NAHESTEHEN (umrandet das Bild mit Barbara, Patriza, Marianne, Annette, Agnes, Judith)

| ETHIK | Name: | Klasse: | Datum: | Nr. |

Menschliche Probleme

Arbeitsaufgaben:
❶ Wie kann menschliche Not entstehen?
❷ Welche Folgen hat sie?
❸ Wie und wo kann ich helfen?
❹ Warum kann Hilfe auch zurückgewiesen werden?
❺ Warum kann es bei Hilfeleistungen auch zu Konflikten kommen?

arm sein kann bedeuten:
☐ _____
☐ _____
☐ _____

krank sein kann bedeuten:
☐ _____
☐ _____
☐ _____

alt sein kann bedeuten:
☐ _____
☐ _____
☐ _____

Wie denkst du über folgende Aussagen.
Kreuze die richtigen Aussagen an!
☐ In reichen Industriestaaten gibt es soziale Not.
☐ Soziale Not gibt es nur in Entwicklungsländern.
☐ Leibliche Not erkennt man schnell, seelische Not wird leicht übersehen.
☐ Seelische Not lässt sich leichter heilen als leibliche Not.
☐ Menschen mit persönlicher Not müssen sich selbst helfen.
☐ Menschen mit persönlicher Not brauchen jemand, der mit ihnen Auswege aus ihrem Schicksal sucht.
☐ Nur Kirchen und Hilfsorganisationen sollten sich um notleidende Menschen kümmern.
☐ Menschen in Armut, Alter und Krankheit sind auf unsere persönliche Hilfe angewiesen.

Übrigens: Dränge dich nicht auf, wenn deine Hilfe nicht gewünscht wird!

| ETHIK | Name: | Klasse: | Datum: | Nr. |

Lösung: Menschliche Probleme

Arbeitsaufgaben:
❶ Wie kann menschliche Not entstehen?
❷ Welche Folgen hat sie?
❸ Wie und wo kann ich helfen?
❹ Warum kann Hilfe auch zurückgewiesen werden?
❺ Warum kann es bei Hilfeleistungen auch zu Konflikten kommen?

arm sein kann bedeuten:
☐ *ausgeschlossen sein*
☐ *am Rande der Gesellschaft leben*
☐ *als Außenseiter gelten*

krank sein kann bedeuten:
☐ *nicht aktiv mitmachen können*
☐ *von den Mitmenschen gemieden sein*
☐ *sich als halber Mensch fühlen*

alt sein kann bedeuten:
☐ *für Mitmenschen unwichtig sein*
☐ *nicht mehr gebraucht werden*
☐ *abgeschoben werden*

Wie denkst du über folgende Aussagen.
Kreuze die richtigen Aussagen an!
■ In reichen Industriestaaten gibt es soziale Not.
☐ Soziale Not gibt es nur in Entwicklungsländern.
■ Leibliche Not erkennt man schnell, seelische Not wird leicht übersehen.
☐ Seelische Not lässt sich leichter heilen als leibliche Not.
☐ Menschen mit persönlicher Not müssen sich selbst helfen.
■ Menschen mit persönlicher Not brauchen jemand, der mit ihnen Auswege aus ihrem Schicksal sucht.
☐ Nur Kirchen und Hilfsorganisationen sollten sich um notleidende Menschen kümmern.
■ Menschen in Armut, Alter und Krankheit sind auf unsere persönliche Hilfe angewiesen.

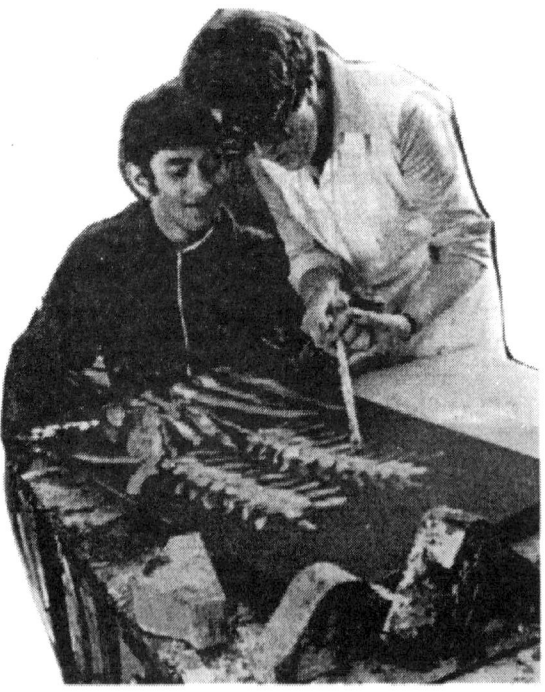

Übrigens: Dränge dich nicht auf, wenn deine Hilfe nicht gewünscht wird!

ETHIK	Name:	Klasse:	Datum:	Nr.

Wie hilft der CARITAS-Verband Not leidenden Menschen?

Die CARITAS hat viele Angebote und Aufgaben.
Ordnet den Fallbeispielen die entsprechenden Hilfsdienste zu!

Fallbeispiele:	Hilfedienste:
Fall 1: Frau Huber ist den ganzen Tag berufstätig. Sie hat ein 3jähriges Kind.	
Fall 2: Tommi ist gehemmt, kontaktarm, hat Schlafstörungen. Die Mutter ist ratlos.	
Fall 3: Frau Schlegel (80) kann sich nicht mehr selbst versorgen.	
Fall 4: 1981 kamen 70 000 Deutsche aus Osteuropa zu uns.	
Fall 5: Ali wird in seiner Heimat politisch verfolgt.	
Fall 6: Die Gemeindekrankenpflege gehörte schon immer zu den Aufgaben der Kirche.	
Fall 7: Frau Kramer ist 3 Wochen im Krankenhaus. Die Familie muss versorgt werden.	
Fall 8: Monika ist schon oft von zuhause ausgerissen.	
Fall 9: Polen 1981/82	
Fall 10: Jonny (21) wird aus dem „Knast" entlassen.	

Auslandshilfe - Altenheim - Aussiedlerhilfe - Kinderkrippen, später: Kinderhort - Heimerziehung - Sozialstationen - Nachbarschaftshilfe - Hilfe für Menschen in sozialen Schwierigkeiten - Asylantenbetreuung - Erziehungsberatung

Übrigens:
Oft geraten Menschen durch eigenes oder fremdes Verschulden in Schwierigkeiten.
Kirchliche Organisationen wie die CARITAS leisten deshalb sozial - caritative Dienste!

| ETHIK | Name: | Klasse: | Datum: | Nr. |

Lösung: Wie hilft der CARITAS-Verband Not leidenden Menschen?

Die CARITAS hat viele Angebote und Aufgaben.
Ordnet den Fallbeispielen die entsprechenden Hilfsdienste zu!

Fallbeispiele:	Hilfedienste:
Fall 1: Frau Huber ist den ganzen Tag berufstätig. Sie hat ein 3jähriges Kind.	*Kinderkrippen, später: Kinderhort*
Fall 2: Tommi ist gehemmt, kontaktarm, hat Schlafstörungen. Die Mutter ist ratlos.	*Erziehungsberatung*
Fall 3: Frau Schlegel (80) kann sich nicht mehr selbst versorgen.	*Altenheim*
Fall 4: 1981 kamen 70 000 Deutsche aus Osteuropa zu uns.	*Aussiedlerhilfe*
Fall 5: Ali wird in seiner Heimat politisch verfolgt.	*Asylantenbetreuung*
Fall 6: Die Gemeindekrankenpflege gehörte schon immer zu den Aufgaben der Kirche.	*Sozialstationen*
Fall 7: Frau Kramer ist 3 Wochen im Krankenhaus. Die Familie muss versorgt werden.	*Nachbarschaftshilfe*
Fall 8: Monika ist schon oft von zuhause ausgerissen.	*Heimerziehung*
Fall 9: Polen 1981/82	*Auslandshilfe*
Fall 10: Jonny (21) wird aus dem „Knast" entlassen.	*Hilfe für Menschen in sozialen Schwierigkeiten*

Übrigens:
Oft geraten Menschen durch eigenes oder fremdes Verschulden in Schwierigkeiten.
Kirchliche Organisationen wie die CARITAS leisten deshalb sozial - caritative Dienste!

| ETHIK | Name: | Klasse: | Datum: | Nr. |

Brauchen Behinderte Hilfe nur vom Staat?

4,5 Millionen Behinderte leben in der Bundesrepublik. Fast so viele Menschen, wie die ganze Schweiz Einwohner hat. Jährlich werden bei uns 40 - 50.000 Kinder geboren, die wegen körperlicher, geistiger oder seelischer Schäden intensive Förderung brauchen. 200.000 Menschen werden jedes Jahr durch Unfälle zu Behinderten. Durch die Fortschritte von Medizin und Psychologie sind heute gute Förderungs- und Therapiemöglichkeiten gegeben. Sie sind aber nur dann erfolgreich, wenn sich die Einstellung zu den Behinderten in der Gesellschaft ändert: wenn man sie auf allen Gebieten menschlichen Zusammenlebens auch im Alltag voll akzepiert.

Die freien Wohlfahrtsverbände kümmern sich um Behinderte.
Im folgenden Text findet ihr das Angebot der Caritas:

☞ **Einrichtungen**
In den Behinderteneinrichtungen arbeiten Fachleute verschiedener Richtungen zusammen, z.B. Ärzte, Psychologen, Sozialarbeiter und Sozialpädagogen, Heilpädagogen, Sonderschullehrer, Pflegekräfte.

☞ **Frühförderung**
Frühzeitiges Erkennen von Behinderung bei Säuglingen und Kleinkindern und rechtzeitige Behandlung und Förderung verbessern die Startchancen für das weitere Leben.

☞ **Bildung und Erziehung**
Heilpädagogische Tagesstätten, schulvorbereitende Einrichtungen und Sonderschulen haben die Aufgabe, zusammen mit den Eltern behinderte Kinder und Jugendliche entsprechend ihren individuellen Fähigkeiten zu bilden und zu erziehen;

☞ **Arbeit und Beruf**
Arbeit ist für die Persönlichkeitsentfaltung wichtig. Sie fördert das Eigen- und Selbstwertgefühl. In speziellen Ausbildungs- und Werkstätten können Behinderte ihnen angemessene Arbeiten erlernen und ausüben.

☞ **Wohnen**
Die Wohnformen für Behinderte unterscheiden sich nicht grundsätzlich vom Wohnen der übrigen Bevölkerung. Sie bieten ein weitgehend selbständiges Leben, den Lebensraum, den jeder Mensch für ein erfülltes Leben benötigt sowie unterschiedliche Förderungsangebote.

☞ **Offene Behindertenarbeit**
Ziel der offenen Behindertenarbeit ist es u.a., den Behinderten das Leben in ihrer Familie und ihrem Umkreis zu ermöglichen, die Befangenheit zwischen Behinderten und Nichtbehinderten abzubauen und so die Integration der Behinderten zu fördern.

Arbeitsaufgaben:
❶ Welche Wohlfahrtsverbände kümmern sich in der Bundesrepublik um kranke und behinderte Menschen? - Die Symbole oben helfen dir dabei!
❷ Welche Schwerpunkte zur Behindertenhilfe leistet die Caritas?
❸ Bearbeitet in der Gruppe einen dieser Schwerpunkte und berichtet der Klasse!
❹ Gestaltet ein Plakat, das Möglichkeiten aufzeigt, was jeder Einzelne für Behinderte tun kann!

Übrigens:
Der Einzelne als hilfsbedürftige Person braucht nicht nur die Hilfe des Staates. Wir selbst können täglich einen kleinen Beitrag leisten, Behinderte in unsere Gesellschaft zu integrieren.

| ETHIK | Name: | Klasse: | Datum: | Nr. |

Warum brauchen ausländische Mitbürger unsere Hilfe?

Wir riefen Arbeitskräfte - und es kamen Menschen. In diesem Satz spiegelt sich die Situation unserer ausländischen Mitbürger. Als in den fünziger Jahren das Wirtschaftswunder begann und die Wirtschaft auf Hochtouren lief, begann die Suche nach Arbeitskräften jenseits unserer Grenzen. Viele kamen. Heute leben 4,6 Millionen Ausländer in der Bundesrepublik. Ohne ihre Hilfe würden auch heute noch manche Räder in der Wirtschaft still stehen. Aber - die Ausländer sind noch immer nicht in unserer Gesellschaft integriert. Die Ausländerfeindlichkeit nimmt gerade in wirtschaftlich schwierigen Zeiten zu. Besonders schwer haben es die Kinder und Jugendlichen, die schon in der Bundesrepublik geboren wurden. Sie haben gar keine echte Heimat mehr: das Land ihrer Eltern kennen sie kaum, bei uns will man sie nicht. Für uns und unseren Staat sind deshalb Ausländer keine Fremden.

Wir haben in Deutschland folgende spezielle Einrichtungen geschaffen, die sich z. B. an italienische, kroatische, spanische, griechische, portugiesische, türkische und koreanische Arbeitnehmer und ihre Familien wenden. Die Psychologen und Sozialberater sind selber oft Ausländer.

Sozialberatung
Die Sozialberatung soll den Einzelnen befähigen, seine Probleme selbständig zu bewältigen.
Besondere Angebote sind:
☎ Information, Beratung, Vermittlung an die zuständigen Stellen, unterstützende Hilfen
- in Fragen des Sozial-, Arbeits-, Aufenthaltsrechts
- in Fragen der Erziehung, der schulischen und beruflichen Bildung
- bei persönlichen und familiären Problemen
- bei Familienzusammenführung
- bei Rückkehr in die Heimat
☎ Gefangenenbetreuung in verschiedenen Strafanstalten
☎ Jugendgerichtshilfe
☎ Bewährungshilfe
☎ Erziehungsbeistandschaft
☎ Vormundschaften
☎ Sprachkurse
☎ Förderung von Veranstaltungen zur Erhaltung der heimischen Kultur
☎ Gruppenarbeit mit Kindern, Jugendlichen, Erwachsenen
☎ Elternarbeit mit dem Ziel der Bewusstseinsentwicklung der ausländischen Eltern für die Probleme ihrer Kinder.

Psychologischer Dienst
Aufgabe des Psychologischen Dienstes ist die eingehende, meist längerfristige psychologische Beratung und Behandlung ausländischer Arbeitnehmer und ihrer Familien, Schwerpunkte:
• Erziehungsberatung
• Familien-, Ehe-, Partnerschaftsberatung
• Einzelberatung, z.B. bei Depressionen, psychosomatischen Beschwerden, Alkoholismus
• Gruppenarbeit, z.B. Frauengruppen, Familienseminare. Projektarbeit

Arbeitsaufgaben:
❶ Befragt eure ausländischen Mitschüler, welche Probleme sie am Anfang hatten!
❷ Welche zwei Beratungsschwerpunkte stellt der Staat zur Verfügung?
❸ Warum brauchen ausländische Mitbürger unsere besondere Hilfe?
❹ Berichtet, welche Projekte ihr macht könnt, um Ausländer besser zu integrieren?
❺ Welche Aktionen könnt ihr in der Klasse durchführen, um das Miteinander von deutschen und ausländischen Schülern zu verbessern?

| ETHIK | Name: | Klasse: | Datum: | Nr. |

Helfen - aber wie?

Ein chinesisches Sprichwort sagt:
*Gib einem Hungernden einen Fisch,
und er wird einen Tag lang satt.
Lehre ihn fischen,
und er wird nie mehr hungern.*

Arbeitsaufgaben:

❶ Erklärt diesen weisen Satz!

❷ Bringt dazu andere Beispiele!

❸ Mit welchem Satz könnt ihr obige Weisheit zusammenfassen? Kreuzt an!
- ☐ Selbsthilfe zur Fremdhilfe
- ☐ Fremdhilfe durch Selbsthilfe
- ☐ Hilfe zur Selbsthilfe

❹ Uneigennütziges Helfen hat Vorteile!
- ☐ Es trägt zur eigenen Selbstfindung bei.
- ☐ Es stärkt unser Selbstwertgefühl.
- ☐ Es macht unsicher.
- ☐ Es behindert unsere eigene Selbstfindung.

Die Grenzlinie zwischen dem reichen Prasser und dem armen Lazarus ist heute die Nord-Südlinie.

Karl Rahner 1972

Buchstabiert das Wort **Solidarität**!

S - wie _____
O - wie _____
L - wie _____
I - wie _____
D - wie _____
A - wie _____
R - wie _____
I - wie _____
T - wie _____
Ä - wie _____
_____
T - wie _____
_____

Übrigens:
Verantwortungsbewusste Hilfe führt zu einem _____.

| ETHIK | Name: | Klasse: | Datum: | Nr. |

Lösung: Helfen - aber wie ?

Ein chinesisches Sprichwort sagt:
*Gib einem Hungernden einen Fisch,
und er wird einen Tag lang satt.
Lehre ihn fischen,
und er wird nie mehr hungern.*

Arbeitsaufgaben:
❶ Erklärt diesen weisen Satz!
❷ Bringt dazu andere Beispiele!
❸ Mit welchem Satz könnt ihr obige Weisheit zusammenfassen? Kreuzt an!
☐ Selbsthilfe zur Fremdhilfe
☐ Fremdhilfe durch Selbsthilfe
☐ Hilfe zur Selbsthilfe
❹ Uneigennütziges Helfen hat Vorteile!
☐ Es trägt zur eigenen Selbstfindung bei.
☐ Es stärkt unser Selbstwertgefühl.
☐ Es macht unsicher.
☐ Es behindert unsere eigene Selbstfindung.

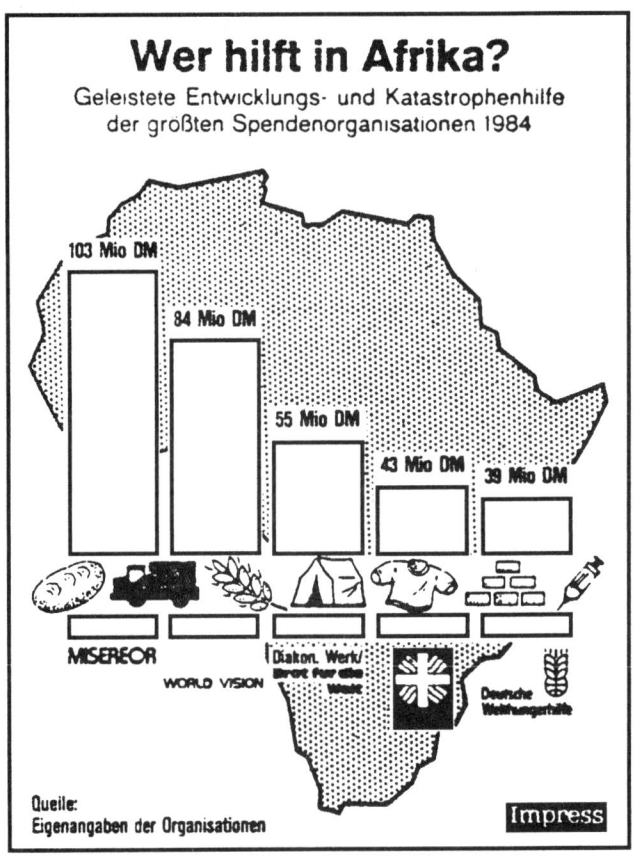

Wer hilft in Afrika?
Geleistete Entwicklungs- und Katastrophenhilfe der größten Spendenorganisationen 1984

103 Mio DM – MISEREOR
84 Mio DM – WORLD VISION
55 Mio DM – Diakon. Werk/Brot für die Welt
43 Mio DM
39 Mio DM – Deutsche Welthungerhilfe

Quelle: Eigenangaben der Organisationen
Impress

Die Grenzlinie zwischen dem reichen Prasser und dem armen Lazarus ist heute die Nord-Südlinie.

Karl Rahner 1972

Buchstabiert das Wort **Solidarität** !
S - wie *soziale Gerechtigkeit*
O - wie *Opferbereitschaft*
L - wie *Liebe (Nächstenliebe)*
I - wie *Interesse zeigen*
D - wie *demokratisch handeln*
A - wie *Arbeitslosigkeit (Armut) abbauen*
R - wie *Recht schaffen*
I - wie *Integration fördern*
T - wie *teilen*
Ä - wie *Änderung miserabler Zustände*
T - wie *teilnehmen am Leid anderer*

z.B. Not sehen - Not bekämpfen

Übrigens:
Verantwortungsbewusste Hilfe führt zu einem *menschenwürdigen Miteinander*.

| ETHIK | Name: | Klasse: | Datum: | Nr. |

Die "Ameise" im Land der Mapuche

Die Indios, einst die Herren Amerikas, sind heute in den meisten Ländern Lateinamerikas nur noch eine Minderheit. Von Weißen und Mestizen gleichermaßen gering geachtet, leben sie in großer Armut. Das gilt auch für die schätzungsweise 120 000 Mapuche-Indianer im Süden Chiles. Obwohl die Kirche sehr früh unter ihnen missionierte - Kapuziner errichteten zahlreiche Schulen in der Provinz Araukanien-, wurden die Indios doch nur oberflächlich evangelisiert und von der Seelsorge vernachlässigt. Seit einigen Jahren versucht die chilenische Kirche jedoch, dieses Volk durch eine "Pastoral für den ganzen Menschen" zu erreichen; von ADVENIAT und MISEREOR dabei unterstützt. Die folgende Geschichte stellt eine Ordensschwester vor, die im Süden der Erzdiözese Concepcion unter den Mapuche lebt.

Mit dem Allerweltslaut „Ksch!" verscheucht sie acht Ferkel, die - zwischen Kapelle, Holzhütte und Glockenturm galoppierend - einem satten Kohlbeet zustreben. Es gehört zu einem Gemüsegarten, auf den Schwester Teresa ebenso stolz ist wie auf den Glockenturm. Der nämlich dient auch als Wasserspeicher, und seine helle Glocke kann ein Stück Missionsgeschichte erzählen. Schwester Teresa steigt schon in ihren kleinen Jeep, denn sie will heute „den armen Don Pancho und seine Familie" besuchen. Das Auto hat sie von Adveniat bekommen; für die letzte teure Reparatur musste sie eine Kuh verkaufen, die ihr der Pfarrer von Los Alamos kurz zuvor geschenkt hatte. Teresa Bull war lange Jahre Missionarin in Vietnam. Die kleine, quirlige Person hat die Sechzig schon überschritten, und bevor man dazu kommt, zu fragen, sagt sie schon: „Sieht man mir nicht an, wie?" Sie ist Chilenin, und auch das sieht man der hellhäutigen Frau mit dem feinen dunkelblonden Haar nicht an: „Wenn ich nicht so furchtbar schnell reden würde, hielten mich alle für eine ‚gringa', eine Amerikanerin." Sie sei emsig und unermüdlich wie eine Ameise, hatte man uns im Projektbüro der Erzdiözese in Concepcion voll Respekt und mit einem kleinen Seufzen gesagt, "und dazu unglaublich hartnäckig".

Auf dem Weg zu Don Pancho fahren wir über das weite Land mit den tiefen Horizonten, das die Mapuche-Indianer so lieben. „Menschen der Erde", bedeutet ihr Name. Als die spanischen Eroberer nach Araukanien, ins heutige südliche Chile, kamen, lebten dort mehr als eine Million Mapuche. Um 1800 waren es noch 150000 - ein Volk, dezimiert im Kampf gegen die spanische Armee, ausgezehrt von Zwangsarbeit, Seuchen und wirtschaftlicher Ausbeutung. Kein Indio-Volk hat so lange (mehr als 300 Jahre) und so tapfer gegen die neuen Herren Lateinamerikas gekämpft. Im 19. Jahrhundert verwandelten dann vor allem deutsche Einwanderer „jene Provinzen in ein blühendes Land", wie es in einem Reiseführer zutreffend heißt. Für die „Menschen der Erde" freilich war das Land - bis auf kümmerliche Reste - verloren.

„Für die Indios ist das Land fast so wichtig wie die Luft zum Atmen", sagt Schwester Teresa und schimpft auf das neue chilenische Eingeborenengesetz. Es erleichtert die Aufteilung des traditionell gemeinschaftlich bewirtschafteten Bodens in kleine Äcker, über die individuelle Nutzungstitel vergeben werden. Jeder indianische Kleinbauer kann damit dieses Stückchen Land an Nicht-Indios verkaufen; vorher musste die ganze Gemeinschaft einverstanden sein. „Auf diese Weise luchst man den Mapuche noch den Grund und Boden ab, der ihnen geblieben war." Dagegen lobt die Schwester den Bürgermeister, er beschäftigt die Mapuche beim Wegebau, obwohl die Indios doch landauf, landab als Faulpelze, Säufer und Tagediebe beschimpft werden". Übrigens arbeitet der indianische „Capitan" (Vorarbeiter beim Wegebau) immer mit; das ist typisch für den Gemeinschaftsgeist der Manuche.

Die "Ameise" im Land der Mapuche (Fortsetzung)

Bei dem unglücklichen Don Pancho aber waren andere Geister am Werk. Vor drei Wochen hat „jemand" seine Hütte mit Benzin angezündet, während sie draußen auf dem Feld waren. Die Hütte brannte bis auf den Grund nieder. Als unser Auto hält, sehen wir den Mann: er steht in einiger Entfernung mitten auf einem flachen Landstück, unbewegt vor dem weiten Wolkenhimmel. Die sonst so wortreiche Schwester geht auf ihn zu, umarmt ihn und fragt nur: „Wie geht's, Don Pancho?" Der Indio senkt den Kopf. „Ist das Holz gekommen?" Pancho nickt.

Uns bietet sich ein Bild trostloser Verlassenheit: Der Indio steht stumm auf seinem verkohlten Stück Land. Hinter ihm tauchen seine Frau und nach und nach sechs seiner zehn Kinder auf. Sie kommen alle aus einer Art Verschlag, aus losen Wellblechstücken zusammengestellt. Die Frau steht stumm und unbeweglich, ein wenig abseits, sie friert. Pancho trägt einen Schutzhelm, als gehörte er zum Bautrupp einer Großbaustelle. Dabei hat er noch gar nicht angefangen mit dem Wiederaufbau seiner Hütte; aber er zeigt auf den Platz neben der verräucherten Kochstelle: dort soll sie hin.

Schwester Teresa hat außer dem Holz noch Zink, Teerpappe, eine Matratze, Kleider, Decken, Mehl aufgetrieben und eine Motorsäge ausgeliehen. „Das Saatgut und die Vorräte sind auch mit verbrannt." Wer an dem Unglück schuld ist? Don Pancho fürchtet sich wie seine Vorfahren vor dem bösen Zaubervogel „Chimalguen". Genau eine Woche vor dem Brand hatten Schwester Teresa und acht seiner Nachbarn bei ihm Nachtwache gehalten: er war sicher, dass irgendein Unglück bevorstand. Schwester Teresa glaubt nicht an bösen Zauber, sondern vermutet menschliche Bosheit hinter dem Anschlag. Aber auch das ist kein Trost für Pancho.

„Wir schaffen das, Don Pancho", sagt die kleine schmächtige Schwester im Weggehen energisch. Auf der Rückfahrt durch die dämmerige Landschaft ist sie stumm. Sicher überlegt sie, was er noch dringend braucht, denke ich. Da sagt die Schwester: „So etwas raubt einem den Schlaf. Aber Don Pancho kriegt, was er braucht. Allein schaffen sie es einfach nicht. Und wenn sie mich in der Stadt ‚hormiguita' (Ameise) oder Schlimmeres nennen, dann frage ich mich nur, ob das, was ich tue, auch Gottes Wille ist. Ich glaube, ja, denn sonst könnte ich bei all dem nicht so glücklich sein."

Am nächsten Morgen - es ist Karfreitag - kommt Besuch: Jesuitenpater Guillermo und eine Gruppe Studenten aus der 700 km entfernten Hauptstadt Santiago. Eigentlich lebt Schwester Teresa allein mit dem Mapuche - Mädchen Berta in der Holzhütte ohne Licht und Wasser. Ihre Mitschwestern wohnen in der nächsten größeren Ortschaft Los Alamos. Aber seit Jahren kommen Jugendliche vom Jesuiten - Gymnasium in Santiago, „um mit den Mapuche zu leben, zu arbeiten und zu beten".

Die jungen Leute helfen, kleine Kapellen, Gemeindezentren und auch Latrinen zu bauen. Manche bleiben ein verlängertes Wochenende, andere, wie der Jesuitenhospitant Sebastian, ein ganzes Jahr. „Wir arbeiten mit Anthropologen zusammen", erzählt die Schwester, „und versuchen, den Mapuche zu helfen, das zu bewahren, was von ihrer alten Kultur noch lebendig ist." Bewahren und verändern, beides wird - nicht nur in Sara de Lebu - erschwert durch die aufdringliche Missionsarbeit nordamerikanischer Sekten: „Sie predigen, dass Armut Schicksal ist. Gleichzeitig machen sie Geschenke und wecken Konsumwünsche, die den Mapuche bisher fremd waren. Einer aus unserer Gemeinde, die dort Mitglied geworden ist, habe ich gesagt: Du verkaufst deine Seele für ein Fahrrad, findest du das nicht auch ein bisschen lächerlich? Andererseits müssen wir zugeben, dass sie den Weg zu den Mapuche vor uns gefunden haben", meint die Schwester bedauernd.

Die Glocke läutet und lädt zum Kreuzweg weg. Es dauert eine, fast zwei Stunden, bis die Indios eintreffen. Der Kreuzweg führt über den breiten Schotterweg, den die Mapuche selbst gebaut haben. „Wir begleiten dich schon lange auf deinem schweren Weg; hilf uns, dass wir ein Leben in Würde führen können", betet die kleine Indiogemeinde. Die Leidensgeschichte verstehen die Indios besonders gut, hatte der alte Missionar Padre Salgado immer gesagt, der bis zu seinem Tod mit einer Glocke am Karren über Land fuhr und predigte, dass das Reich Gottes auch für die Mapuche kommen werde. Diese Glocke hat jetzt ihren festen Standort in Sara de Lebu, der Missionsstation von Schwester Teresa.

Gabriele Burchardt, in: Weite Welt Nr. 12 / 1985

ETHIK	Name:	Klasse:	Datum:	Nr.

Die „Ameise" im Land der MAPUCHE

Beantwortet bitte folgende Fragen!

❶ Warum trägt Schwester Teresa den Beinamen "die Ameise"?

❷ Welche Gründe führten dazu, dass das Indiovolk der MAPUCHE fast ganz ausstarb?

❸ Warum schimpft Schwester Teresa über das neue Eingeborenengesetz?

❹ Der Bürgermeister kommt besser bei ihr weg! Warum?

❺ Wie hilft die Schwester DON PANCHO?

❻ Die Ordensschwester ist in ihrer Arbeit nicht allein!

❼ Welche zwei Grundsätze kennzeichnen die Missionsarbeit der Schwester?

❽ Mit welchen Worten redet sie einem Indio, der sich einer Sekte angeschlossen hat, ins Gewissen?

❾ Beschreibt das Misereor-Plakat und gestaltet ein eigenes nach diesem Vorbild. Stellt es aus!

Gemeinsam den Weg der Hoffnung gehen

ETHIK	Name:	Klasse:	Datum:	Nr.

Lösung: Die „Ameise" im Land der MAPUCHE

Beantwortet bitte folgende Fragen!

❶ Warum trägt Schwester Teresa den Beinamen "die Ameise"?
Sie ist emsig, unermüdlich, unglaublich hartnäckig als Missionsschwester in Chile, zuvor Vietnam.

❷ Welche Gründe führten dazu, dass das Indiovolk der MAPUCHE fast ganz ausstarb?
Gründe waren Zwangsarbeit, Seuchen, wirtschaftliche Ausbeutung

❸ Warum schimpft Schwester Teresa über das neue Eingeborenengesetz?
Jeder indianische Kleinbauer kann Land an Nicht-Indios verkaufen. Grund und Boden gehen verloren.

❹ Der Bürgermeister kommt besser bei ihr weg! Warum?
Er beschäftigt die Indios beim Straßenbau.

❺ Wie hilft die Schwester DON PANCHO?
Bauholz, Zink, Teerpappe, Matratze, Kleider, Decken, Mehl, Motorsäge

❻ Die Ordensschwester ist in ihrer Arbeit nicht allein!
Junge Leute vom Jesuiten-Gymnasium in Santiago helfen, kleine Kapellen, Gemeindezentren und Latrinen zu bauen.

❼ Welche zwei Grundsätze kennzeichnen die Missionsarbeit der Schwester?
bewahren und verändern

❽ Mit welchen Worten redet sie einem Indio, der sich einer Sekte angeschlossen hat, ins Gewissen?
„Du verkaufst deine Seele für ein Fahrrad, findest du das nicht auch ein bisschen lächerlich?"

❾ Beschreibt das Misereor-Plakat und gestaltet ein eigenes nach diesem Vorbild. Stellt es aus!

ETHIK	Name:	Klasse:	Datum:	Nr.

Wie hilft die Kirche in aller Welt?

LEIDENSWEGE
HOFFNUNGSWEGE

Eine Ordensschwester hilft in Südamerika!
Hier ihr Steckbrief:

Name:
_____

Beruf:
_____

Land:
_____

Alter:
_____

Eigenschaften:
_____

Arbeit:
_____

Ziel:
_____
_____

Grundsatz:
_____
_____

Übrigens:
Das Hilfswerk Misereor unterstützt Projekte in Südamerika. Es leistet konkrete Hilfe.
Schwester Teresa arbeitet im Auftrag von Misereor.
Sie sagt durch ihre Missionstätigkeit das Evangelium von der Liebe Gottes weiter.

Don Pancho und seine Familie haben bei einem Brand alles verloren. Schwester Teresa hilft mit, daß ein kleiner Hausstand wieder zusammenkommt.

»Aktion gegen Hunger und Krankheit in der Welt«
MISEREOR

BOLIVIEN PERU MISEREOR '86

| ETHIK | Name: | Klasse: | Datum: | Nr. |

Lösung: Wie hilft die Kirche in aller Welt?

LEIDENSWEGE
HOFFNUNGSWEGE

Eine Ordensschwester hilft in Südamerika!
Hier ihr Steckbrief:

Name:
Schwester Teresa Bull
Beruf:
Missionsschwester
Land:
Chile
Alter:
über 60
Eigenschaften:
emsig, unermüdlich, hartnäckig
Arbeit:
kümmert sich täglich um arme Indios
Ziel:
Das Reich Gottes auf Erden verwirklichen!
Grundsatz:
Bewahren und verändern!

»Aktion gegen Hunger und Krankheit in der Welt«
MISEREOR

pBOLIVIEN
PERU MISEREOR '86

Übrigens:
Das Hilfswerk Misereor unterstützt Projekte in Südamerika. Es leistet konkrete Hilfe.
Schwester Teresa arbeitet im Auftrag von Misereor.
Sie sagt durch ihre Missionstätigkeit das Evangelium von der Liebe Gottes weiter.

SONNTAG DER WELTMISSION 28. OKT.
missio

GEMEINSAM HANDELN
SOLIDARISCH IN DER EINEN WELT
MISEREOR

| ETHIK | Name: | Klasse: | Datum: | Nr. |

Sehen, wo Hilfe gebraucht wird!

Arbeitsaufgaben:

❶ Betrachtet die Bilder und erklärt sie!
❷ Welcher Zusammenhang besteht zwischen den Bildern und der Überschrift?
❸ Beschreibt Situationen, wo ihr helfen könnt!
❹ Beschreibt Situationen, in denen ihr selbst Hilfe braucht!
❺ Denkt euch jeweils in die Rolle des Helfers und des Hilfesuchenden hinein!
   Was stellt ihr fest?
❻ Gestaltet ein Plakat mit Bildern und Texten!

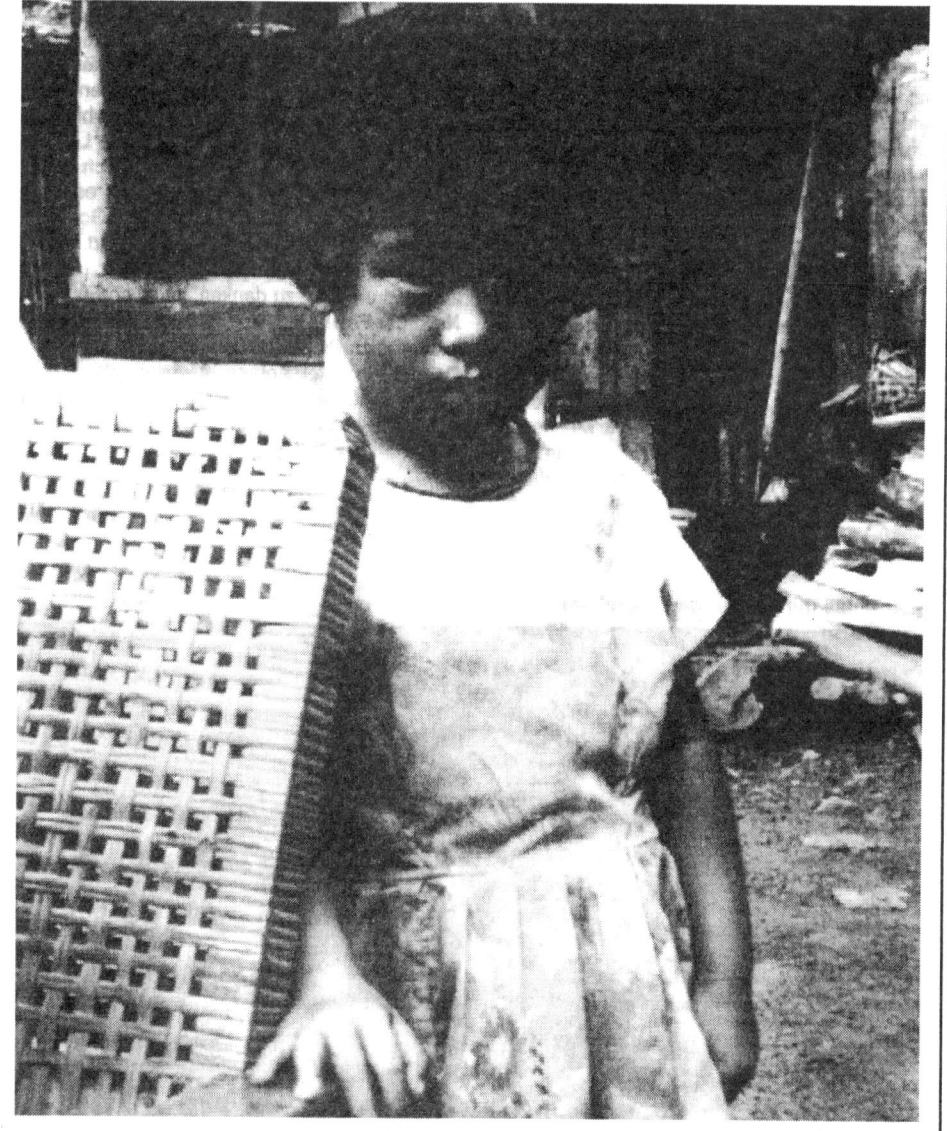

der NÄCHSTE in der NÄHE
zum Beispiel: die erschöpfte Frau von nebenan
caritas

SCHÖNE WORTE SIND ZU WENIG

| ETHIK | Name: | Klasse: | Datum: | Nr. |

Wie kann Gott so viel Leid zulassen?

Kalkuttas Lower Circular Road ist weltbekannt. Dabei ist sie nichts anderes als eine x-beliebige lärmerfüllte und schmutzige Hauptstraße in der größten Stadt Indiens. An ihren Rändern stinkender Abfall, in dem halbnackte Kinder wühlen, verrostete Hydranten, an denen sich ausgemergelte braune Körper waschen, und kleine Läden, die mehr einer Rumpelkammer als einem Geschäft ähneln. Und überall Menschen. Sie hasten über den holprigen Bürgersteig, auf dem noch von der letzten Nacht Obdachlose wie Kleiderbündel liegen. Sie hängen wie Trauben an der zerbeulten und verrosteten Straßenbahn, die wie ein Panzerwagen vorbeirattert, und sie sitzen würdevoll und ein wenig über den Schmutz entrückt auf den Rikschas, vor denen schweißnasse Kulis mit nackten Füßen traben. Aber all das sieht man überall in Indien, und es würde nicht ausreichen, die Straße bekanntzumachen. Was sie weltweit bekanntmacht, ist ein hölzernes Brett am Haus Nr. 54 A, auf dem mit weißer Schrift „Mother Teresa M. C" steht. Darunter befindet sich ein simpler Schieber, der meistens das Wort „out" freigibt. Denn die albanische Ordensfrau und Trägerin des Friedensnobelpreises hat zwar hier ihren Wohnsitz, aber sie ist meistens unterwegs, um Niederlassungen in Addis Abeba wie in Ostberlin zu besuchen oder neue Häuser irgendwo in der Welt zu gründen.

Auch heute ist sie wieder „out", aber ich will gar nicht sie sprechen, sondern eine ihrer engsten Mitarbeiterinnen: die deutsche Schwester Andrea. Ich habe sie schon in den Slums von Manila getroffen, wo sie sich gerade um die verzweifelten Opfer einer Brandkatastrophe kümmerte, und in der Sterbehalle von Tondo, wo sie an der Pritsche eines soeben verstorbenen Mannes in stummem Gebet die Hände faltete. Und nun ist sie im Mutterhaus der „Missionarinnen der Liebe" in Kalkutta. Das Generalkapitel der Ordensgemeinschaft hat ihr die Ausbildung aller Schwestern übertragen. Schwester Andrea lässt mich nicht lange warten. Sie kommt ohne Hast über den Hof und begrüßt mich lächelnd. Dabei hat sie den Terminkalender einer Managerin. Schließlich werden morgen 82 Novizinnen ihre ersten Gelübde ablegen. Auf der Suche nach einem Raum, in dem man in Ruhe sprechen kann, landen wir schließlich in der kleinen Sakristei neben der Kapelle. Aber trotz der geschlossenen Tür dringt immer noch das entnervende Hupen der Autos und das Kreischen der Straßenbahn herein. "82 Schwestern?" frage ich. „Wie kommen 82 junge Mädchen dazu, ihr ganzes Leben den Leidenden und Sterbenden zu weihen?" Schwester Andrea lächelt. Dann antwortet sie mit ihrer sanften Stimme: „Sie nehmen das Wort Jesu ernst: ‚Was ihr dem Geringsten meiner Brüder getan habt, das habt ihr mir getan.' So wollen sie ihm in seinen leidenden Brüdern und Schwestern dienen, und zwar 24 Stunden am Tag. Und sie sind glücklich dabei." „Glücklich im ständigen Anblick von Leiden und Sterben?" frage ich skeptisch. Schwester Andrea nickt: „Ja. Schließlich ist der Tod der wichtigste Augenblick im Leben. Er ist nicht Ende, sondern Neubeginn, das dunkle Tor zum Licht, und wir wollen den Menschen helfen, es zu durchschreiten."

„Bei uns fragen viele Menschen, wie der gütige Gott Leid und Tod überhaupt zulassen kann", wende ich ein. „Haben sie überhaupt einen Sinn?" Schwester Andrea verfällt unwillkürlich in Englisch, das sie nun schon viele Jahre spricht: „Eigentlich nicht, denn Gott wollte und will immer nur unser Glück. Erst durch die Sünde, die Abkehr von Gott, kamen Leid und Tod in die Welt. Wir haben sie also selbst verschuldet. Aber Gott kann selbst aus etwas so Negativem etwas ganz Großartiges machen. Deshalb hat er seinen Sohn in die Welt geschickt. Der ist uns durch das dunkle Tor des Todes vorausgegangen und hat uns gezeigt, dass wir nach seinem Durchschreiten das volle Glück bei Gott finden können." Die Frau, die so viele Menschen hat leiden und sterben gesehen, sieht im Leid aber noch einen anderen Sinn: seine erlösende Wirkung. Dass geduldig ertragenes Leid andern Menschen helfen kann, zu Gott zu finden. Und sie fährt fort: Wir sind leider zu blind und zu töricht, um das zu erkennen. Sonst würden wir uns wie die Heiligen danach sehnen, für andere leiden zu dürfen."

Solche Worte sind bei den „Missionarinnen der Liebe" nicht theologische Theorie, sondern gelebter Glaube. Nicht umsonst hat Mutter Teresa für jede ihrer Schwestern irgendwo auf der Welt eine leidende Person gesucht, die für sie betet und opfert. Von daher beziehen wir die Kraft, unsere Arbeit zu tun", erklärt Schwester Andrea. Und wie stellt sie sich das Leben nach dem Tod, wie stellt sie sich den Himmel vor? Ihre Augen, die schon von ersten Fältchen umgeben sind, strahlen in der Erinnerung: „Vor ein paar Jahren waren wir bei Rettungsarbeiten im Himalaja eingesetzt, und wir hatten jeden Tag 30 Kilometer zu marschieren. Einmal kam ich todmüde an eine Kurve der Straße. Da lag plötzlich das blendende Weiß der gigantischen Berge vor mir. Der Anblick war überwältigend, und ich blieb in stummem Staunen stehen. ‚So ähnlich muss es im Himmel sein', sagte ich mir, ‚wenn wir die unendliche Größe und Schönheit Gottes schauen dürfen'." Hansjosef Theyßen

ETHIK	Name:	Klasse:	Datum:	Nr.

Wie kann Gott so viel Leid zulassen?

Arbeitsaufgaben: ✍ ☺ ✋

Beantwortet folgende Fragen, besprecht sie in der Gruppe und tragt eure Ergebnisse in der Klasse vor!

❶ Beschreibt kurz die soziale Situation in Kalkutta!
_____

❷ Welche Aufgaben erledigt Schwester Andrea?
☐ _____
☐ _____
☐ _____

❸ Welchen Leitsatz aus der Hl. Schrift stellt sie ihrem Leben voran?
_____

❹ Warum sieht Schwester Andrea sogar im Leiden und Sterben etwas Positives? Kreuze die richtigen Aussagen an!
☐ Ihr christlicher Glaube sagt ihr,
  dass die Abkehr der Menschen von Gott (= Sünde) Leid und Tod in die Welt brachte.
☐ Aber Gott hat seinen Sohn als Erlöser in die Welt geschickt.
☐ Aber Gott will, dass sich die Menschen selbst erlösen.
☐ Der Tod ist die gerechte Strafe für alle schuldigen Menschen.
☐ Durch seinen Tod hat er den Menschen den Weg geöffnet,
  endgültiges Glück nur bei Gott zu finden.

❺ Schwester Andrea sieht im Leid auch den Sinn einer erlösenden Wirkung. Warum?
_____

❻ Woraus ziehen die „Schwestern der Liebe" ihre Kraft, die überaus schwere Arbeit unter Kranken, Notleidenden und Sterbenden zu tun?
_____
_____

❼ Kennst du Heilige oder andere große religiöse Menschen, die ihr Leben und Wirken ganz in den Dienst für den Mitmenschen stellten, deshalb litten und dafür sogar ihren Tod in Kauf nahmen? Schreibt Beispiele auf!
_____
_____

Sucht weiteres Info-Material zu Mutter Teresa und deren Arbeit für die Ärmsten der Armen! Berichtet über den Missionar Damian de Veuster und/oder Pater Maximilian Kolbe!

| ETHIK | Name: | Klasse: | Datum: | Nr. |

Lösung: Wie kann Gott so viel Leid zulassen?

Arbeitsaufgaben:

Beantwortet folgende Fragen, besprecht sie in der Gruppe und tragt eure Ergebnisse in der Klasse vor!

❶ Beschreibt kurz die soziale Situation in Kalkutta!
<u>stinkender Abfall, halbnackte und hungernde Kinder, Obdachlose, ausgemergelte Körper</u>

❷ Welche Aufgaben erledigt Schwester Andrea?
☐ <u>Sie ist Stellvertreterin von Mutter Teresa</u>
☐ <u>Sie kümmert sich um Katastrophenopfer und Sterbende</u>
☐ <u>Sie bildet die jungen Schwestern der „Missionarinnen der Liebe" aus.</u>

❸ Welchen Leitsatz aus der Hl. Schrift stellt sie ihrem Leben voran?
<u>„Was ihr dem Geringsten meiner Brüder getan habt, das habt ihr mir getan!"</u>

❹ Warum sieht Schwester Andrea sogar im Leiden und Sterben etwas Positives? Kreuze die richtigen Aussagen an!
■ Ihr christlicher Glaube sagt ihr,
  dass die Abkehr der Menschen von Gott (= Sünde) Leid und Tod in die Welt brachte.
■ Aber Gott hat seinen Sohn als Erlöser in die Welt geschickt.
☐ Aber Gott will, dass sich die Menschen selbst erlösen.
☐ Der Tod ist die gerechte Strafe für alle schuldigen Menschen.
■ Durch seinen Tod hat er den Menschen den Weg geöffnet,
  endgültiges Glück nur bei Gott zu finden.

❺ Schwester Andrea sieht im Leid auch den Sinn einer erlösenden Wirkung. Warum?
<u>Geduldig ertragenes Leid kann Menschen helfen, zu Gott zu finden.</u>

❻ Woraus ziehen die „Schwestern der Liebe" ihre Kraft, die überaus schwere Arbeit unter Kranken, Notleidenden und Sterbenden zu tun?

<u>Ihr höchstes christliches Ziel ist es, für andere leiden zu dürfen.</u>

❼ Kennst du Heilige oder andere große religiöse Menschen, die ihr Leben und Wirken ganz in den Dienst für den Mitmenschen stellten, deshalb litten und dafür sogar ihren Tod in Kauf nahmen? Schreibt Beispiele auf!
<u>Damian de Veuster</u>
<u>Pater Maximilian Kolbe</u>

Sucht weiteres Info-Material zu Mutter Teresa und deren Arbeit für die Ärmsten der Armen! Berichtet über den Missionar Damian de Veuster und/oder Pater Maximilian Kolbe!

| ETHIK | Name: | Klasse: | Datum: | Nr. |

Warum arbeitet Schwester Andrea in den Slums von Kalkutta?

Kreuze die richtigen Aussagen an und finde unten passende Sätze!

So lebt Schwester Andrea, die „Missionarin der Liebe",
als Christin:

- ☐ Sie teilt als Ordensfrau ihr ganzes Leben mit Leidenden und Sterbenden.
- ☐ Sie durchbricht den Teufelskreis der Hilflosigkeit und Armut.
- ☐ Sie kümmert sich als Ärztin um Lepra- und Aids-Kranke.
- ☐ Sie drängt sich mit ihrer Hilfe auf.
- ☐ Sie will Gott dienen, und zwar in den leidenden Menschen unserer Zeit.
- ☐ Sie ist von Undankbarkeit und Wut umgeben.
- ☐ Sie bekämpft Reiche und setzt sich für Arme ein.
- ☐ Sie stellt ihre eigenen Bedürfnisse hintan.
- ☐ Sie gibt ihrem Leben aus dem christlichen Glauben heraus eine Sinnrichtung.

Auf die Sinnfragen des Lebens hat sie durch ihr Vorbild Jesus Christus interessante Antworten:

_____
_____
_____
_____

© pb-verlag puchheim

| ETHIK | Name: | Klasse: | Datum: | Nr. |

Lö: Warum arbeitet Schwester Andrea in den Slums von Kalkutta?

So lebt Schwester Andrea, die „Missionarin der Liebe",
als Christin:

- ■ Sie teilt als Ordensfrau ihr ganzes Leben mit Leidenden und Sterbenden.
- ■ Sie durchbricht den Teufelskreis der Hilfslosigkeit und Armut.
- ☐ Sie kümmert sich als Ärztin um Lepra- und Aids-Kranke.
- ☐ Sie drängt sich mit ihrer Hilfe auf.
- ■ Sie will Gott dienen, und zwar in den leidenden Menschen unserer Zeit.
- ☐ Sie ist von Undankbarkeit und Wut umgeben.
- ☐ Sie bekämpft Reiche und setzt sich für Arme ein.
- ■ Sie stellt ihre eigenen Bedürfnisse hintan.
- ■ Sie gibt ihrem Leben aus dem christlichen Glauben heraus eine Sinnrichtung.

Auf die Sinnfragen des Lebens hat sie durch ihr Vorbild Jesus Christus interessante Antworten:

Die Abkehr des Menschen von Gott (= Sünde) bringt Leid und Tod in die Welt.

Gott hat seinen Sohn als Erlöser in die Welt geschickt. Er starb für alle am Kreuz.

Endgültiges Glück finden die Menschen nur bei Gott.

| ETHIK | Name: | Klasse: | Datum: | Nr. |

Wie hilft UNICEF?

Welt-ernährung

Welt-bevölkerung

Der Teufelskreis der Armut

Medizinische Betreuung

Erziehung und Ausbildung

Klebe die Puzzle-Teile hier richtig ein! Kennzeichne bitte die Pfeile mit Farbe!

Lösung: Wie hilft UNICEF?

Kinder, die das fünfte Lebensjahr nicht erreichen (von 1000 lebendgeborenen):

Nepal	202
Kolumbien	70
Senegal	227
BR Deutschland	12

Prozentsatz des jährlichen Bevölkerungswachstums (von 1980 bis 1985):

Nepal	2,4
Kolumbien	1,9
Senegal	2,9
BR Deutschland	0,2

Welt-ernährung

Ein Viertel aller Kinder in Entwicklungsländern ist stark unterernährt. Ihre geschwächten Körper leisten gegen Krankheiten keinen Widerstand. Täglich erleiden 40000 Kinder einen vermeidbaren Tod.

Weltbevölkerung

Die Zeitspannen für eine Verdoppelung der Weltbevölkerung werden immer kürzer: Dauerte die erste Verdoppelung von 200 auf 400 Millionen Menschen immerhin noch 1500 Jahre (vom Jahre 0 bis zum Jahr 1500), so erfolgte die zweite schon nach 300 Jahren, die dritte nach 100 Jahren und die vierte nach 65 Jahren. Die fünfte Verdoppelung – von 3200 auf 6400 Millionen Menschen – könnte nach 35 Jahren, also im Jahre 2000 erreicht sein.

Der Teufelskreis der Armut:
- Bevölkerungsexplosion
- Nahrungsmangel
- Bildungsnotstand
- ungenügende medizinische Betreuung

Medizinische Betreuung

Trotz großer Anstrengungen sterben jährlich etwa 15 Mio. Kinder unter fünf Jahren – in erster Linie an den sechs häufigsten Infektionskrankheiten: Masern, Kinderlähmung, Diphtherie, Keuchhusten, Tetanus und Tuberkulose. Das UNICEF-Ziel bis 1990: Impfung aller Säuglinge und Kinder in Afrika, Asien, Lateinamerika.

Prozentsatz der Frauen, die nicht schreiben und lesen können:

Nepal	97%
Kolumbien	24%
Senegal	95%
BR Deutschland	1%

Erziehung und Ausbildung

In den ärmsten Entwicklungsländern kann von den Kindern, die das Schulalter erreichen, nur etwa die Hälfte jemals eine Schule besuchen. Davon wiederum durchlaufen weniger als 4 von 10 alle Elementarklassen. Mädchen sind besonders benachteiligt.

| ETHIK | Name: | Klasse: | Datum: | Nr. |

Ausschneidebogen   Wie hilft UNICEF?

Prozentsatz der Frauen, die nicht schreiben und lesen können:

Land	%
Nepal	97%
Kolumbien	24%
Senegal	95%
BR Deutschland	1%

Kinder, die das fünfte Lebensjahr nicht erreichen (von 1000 lebendgeborenen):

Nepal	202
Kolumbien	70
Senegal	227
BR Deutschland	12

Prozentsatz des jährlichen Bevölkerungswachstums (von 1980 bis 1985):

Land	%
Nepal	2,4
Kolumbien	1,9
Senegal	2,9
BR Deutschland	0,2

Ein Viertel aller Kinder in Entwicklungsländern ist stark unterernährt. Ihre geschwächten Körper leisten gegen Krankheiten keinen Widerstand. Täglich erleiden 40 000 Kinder einen vermeidbaren Tod.

Trotz großer Anstrengungen sterben jährlich etwa 15 Mio. Kinder unter fünf Jahren – in erster Linie an den sechs häufigsten Infektionskrankheiten: Masern, Kinderlähmung, Diphtherie, Keuchhusten, Tetanus und Tuberkulose. Das UNICEF-Ziel bis 1990: Impfung aller Säuglinge und Kinder in Afrika, Asien, Lateinamerika.

Die Zeitspannen für eine Verdoppelung der Weltbevölkerung werden immer kürzer: Dauerte die erste Verdoppelung von 200 auf 400 Millionen Menschen immerhin noch 1500 Jahre (vom Jahre 0 bis zum Jahr 1500), so erfolgte die zweite schon nach 300 Jahren, die dritte nach 100 Jahren und die vierte nach 65 Jahren. Die fünfte Verdoppelung – von 3200 auf 6400 Millionen Menschen – könnte nach 35 Jahren, also im Jahre 2000 erreicht sein.

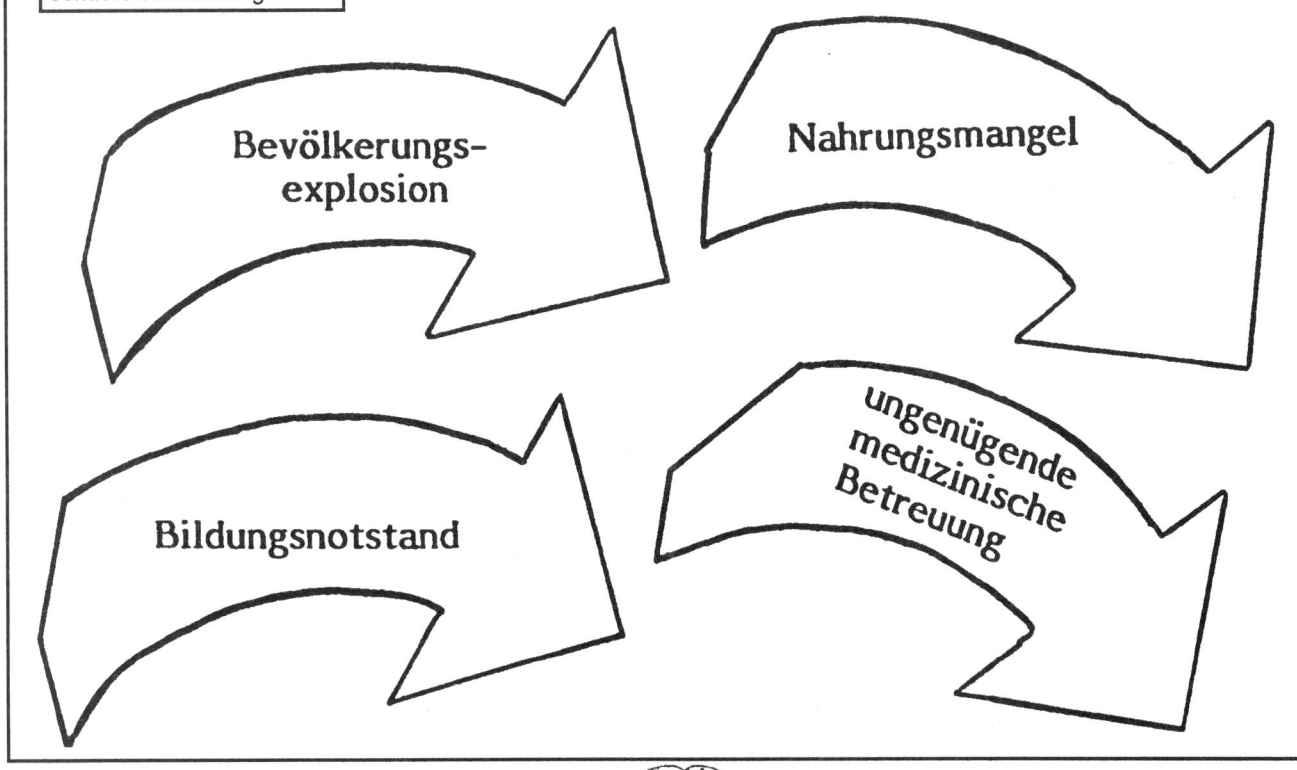

In den ärmsten Entwicklungsländern kann von den Kindern, die das Schulalter erreichen, nur etwa die Hälfte jemals eine Schule besuchen. Davon wiederum durchlaufen weniger als 4 von 10 alle Elementarklassen. Mädchen sind besonders benachteiligt.

- Bevölkerungsexplosion
- Nahrungsmangel
- Bildungsnotstand
- ungenügende medizinische Betreuung

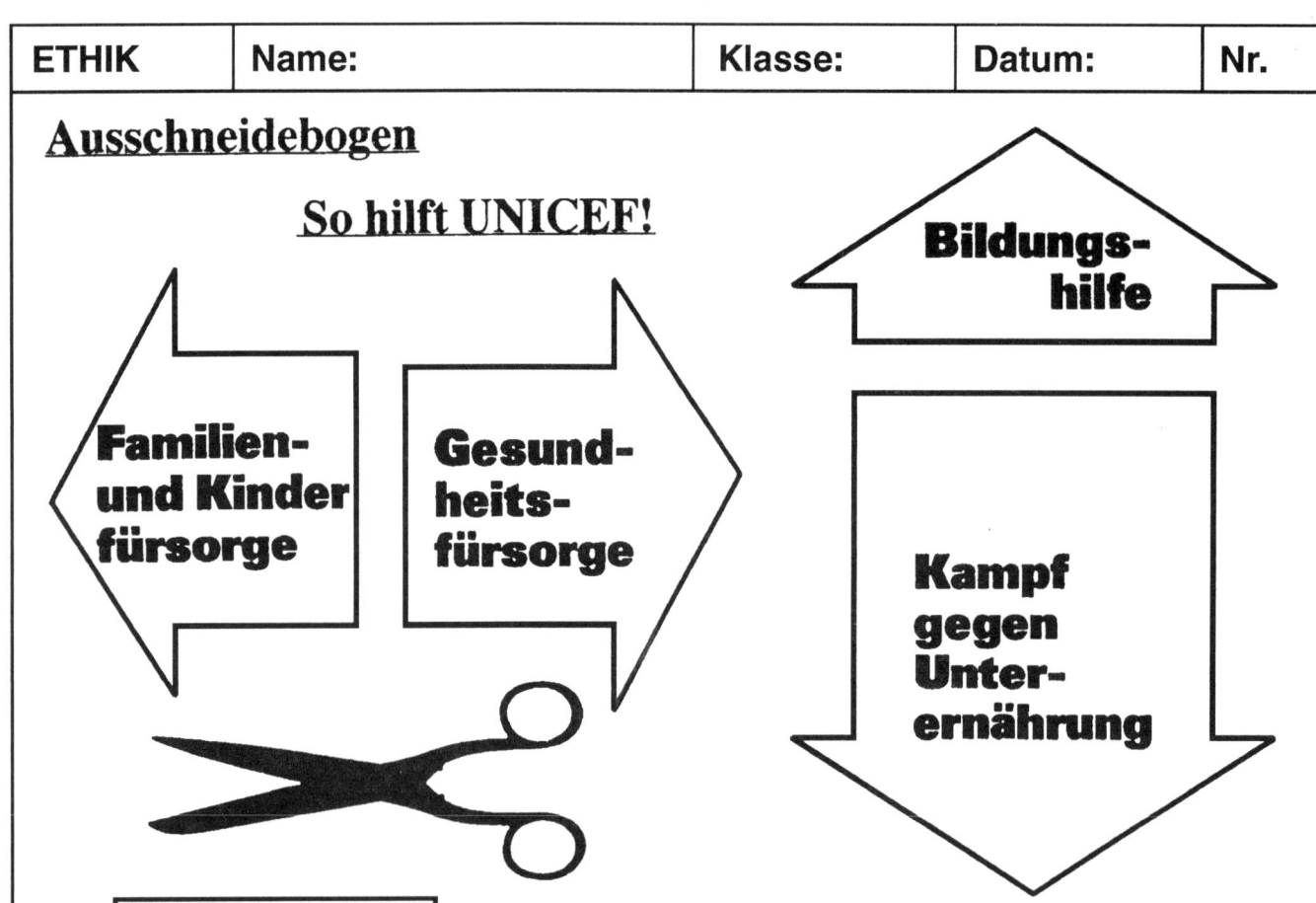

ETHIK	Name:	Klasse:	Datum:	Nr.

Ausschneidebogen

So hilft UNICEF!

- **Familien- und Kinderfürsorge**
- **Gesundheitsfürsorge**
- **Bildungshilfe**
- **Kampf gegen Unterernährung**

Hunger hat viele Gesichter. Ein Fünftel der Kinder in den Entwicklungsländern kommt untergewichtig zur Welt – bedingt durch den schlechten Ernährungszustand der Mütter. Die ersten Anzeichen zu geringen Wachstums sind kaum zu erkennen. Erst durch regelmäßige Gewichtskontrollen und das Eintragen in Tabellen wird sichtbar, ob die Entwicklung des Kindes normal verläuft. Aber damit allein ist es nicht getan: UNICEF berät Mütter, wie sie mit vorhandenen Mitteln geeignete Speisen für die Kinder zubereiten können, damit Mangelernährung vermieden werden kann.

Armut in den Slums führt dazu, daß viele Kinder auf sich allein gestellt sind. UNICEF hilft, diesen Zustand zu vermeiden. Einrichtungen von Gesundheitszentren mit Beratungsstellen für Familienplanung, Tageshorten für die Kleinkinderbetreuung und Programme zur besseren Erwerbsmöglichkeit alleinerziehender Frauen dienen dazu, Familien und familienähnliche Gemeinschaften zu schaffen.

Der Schutz des Kindes beginnt mit der Sorge für die Mutter. UNICEF fördert daher u.a. Entwicklungsprogramme, die der Mutter und damit dem Kind zugute kommen: Beratung und Hilfe vor, während und nach der Geburt, Ernährungsberatung, Familienplanung, Ausbildung von Helfern für einen elementaren Gesundheitsdienst, Versorgung mit sauberem Trinkwasser.

Die Schule hilft den Menschen, sich selbst zu helfen, wenn der Lehrstoff den wirklichen Bedürfnissen angepaßt ist. UNICEF unterstützt die Einrichtung von Schulen, die – neben Lesen, Schreiben und Rechnen – auch Fächer wie Hygiene, Gesundheitspflege, Ernährungslehre, Gartenbau, Hauswirtschaft u.a. in die Lehrprogramme aufnehmen. Praxisorientiertes Wissen wird auch außerhalb der Schulsysteme vermittelt, etwa in Alphabetisierungskursen. Jährlich werden mit UNICEF-Hilfe mehr als 100000 einheimische Lehrkräfte aus- und weitergebildet. Neben Lehrmitteln und Demonstrationsmaterial liefert UNICEF auch Papier und Geräte für die lokale Herstellung von Lebensmitteln.

UNICEF stellte von 1982 bis 1986 folgende Serum-Mengen zur Verfügung:

Anzahl der Impfungen (in Mio.)

Jahr	Anzahl
1982	129,7
1983	147,3
1984	276,6
1985	376,8
1986	494,0

| ETHIK | Name: | Klasse: | Datum: | Nr. |

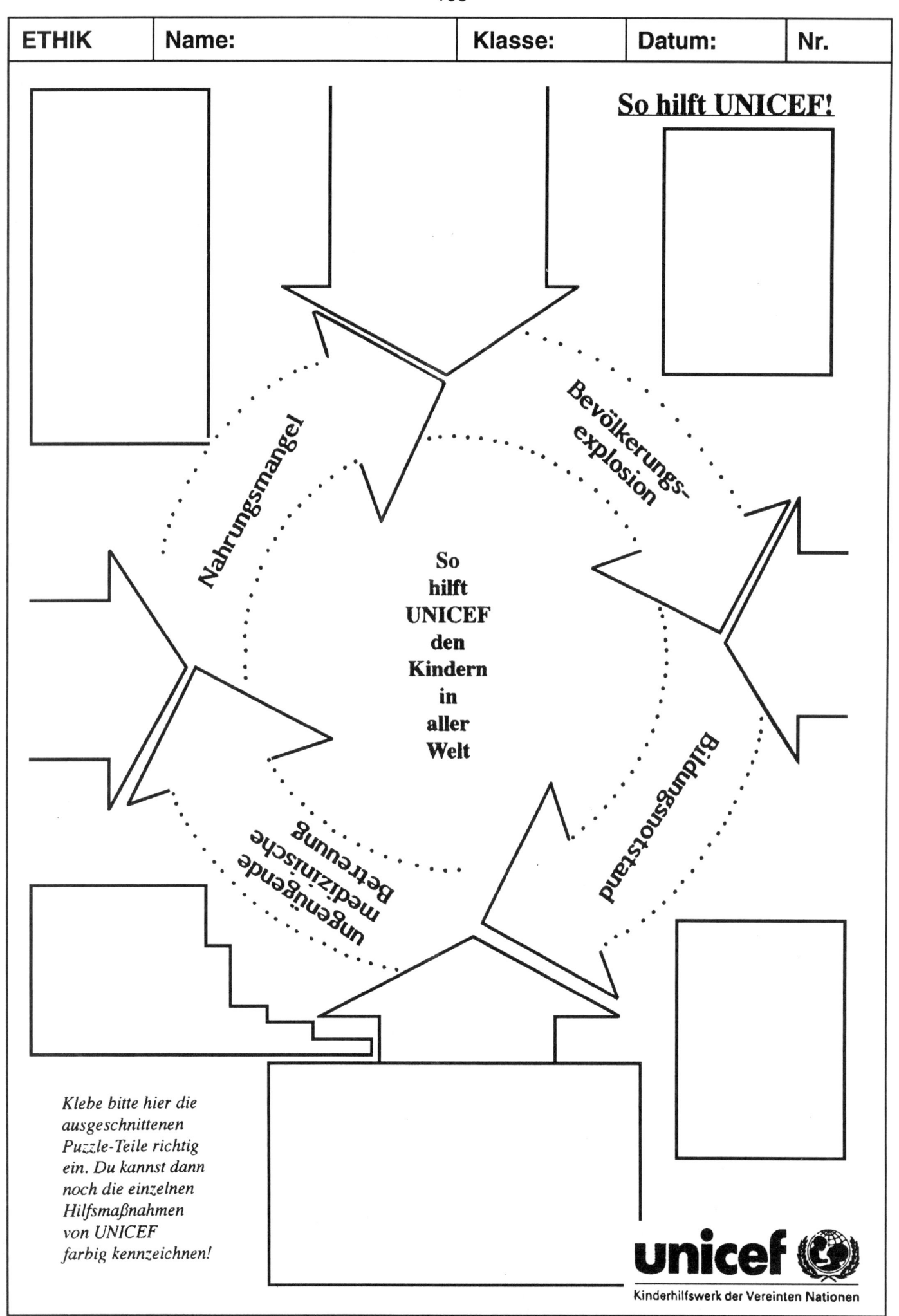

So hilft UNICEF!

- Nahrungsmangel
- Bevölkerungsexplosion
- Bildungsnotstand
- ungenügende medizinische Betreuung

So hilft UNICEF den Kindern in aller Welt

Klebe bitte hier die ausgeschnittenen Puzzle-Teile richtig ein. Du kannst dann noch die einzelnen Hilfsmaßnahmen von UNICEF farbig kennzeichnen!

unicef
Kinderhilfswerk der Vereinten Nationen

| ETHIK | Name: | Klasse: | Datum: | Nr. |

Lösung: So hilft UNICEF!

Hunger hat viele Gesichter. Ein Fünftel der Kinder in den Entwicklungsländern kommt untergewichtig zur Welt – bedingt durch den schlechten Ernährungszustand der Mütter. Die ersten Anzeichen zu geringen Wachstums sind kaum zu erkennen. Erst durch regelmäßige Gewichtskontrollen und das Eintragen in Tabellen wird sichtbar, ob die Entwicklung des Kindes normal verläuft. Aber damit allein ist es nicht getan: UNICEF berät Mütter, wie sie mit vorhandenen Mitteln geeignete Speisen für die Kinder zubereiten können, damit Mangelernährung vermieden werden kann.

Kampf gegen Unterernährung

Armut in den Slums führt dazu, daß viele Kinder auf sich allein gestellt sind. UNICEF hilft, diesen Zustand zu vermeiden. Einrichtungen von Gesundheitszentren mit Beratungsstellen für Familienplanung, Tageshorten für die Kleinkinderbetreuung und Programme zur besseren Erwerbsmöglichkeit alleinerziehender Frauen dienen dazu, Familien und familienähnliche Gemeinschaften zu schaffen.

Nahrungsmangel

Bevölkerungsexplosion

So hilft UNICEF den Kindern in aller Welt

Gesundheitsfürsorge

Familien- und Kinderfürsorge

ungenügende medizinische Betreuung

Bildungsnotstand

UNICEF stellte von 1982 bis 1986 folgende Serum-Mengen zur Verfügung:

Anzahl der Impfungen (in Mio.)

Jahr	Mio.
1982	129,7
1983	147,3
1984	276,6
1985	376,8
1986	494,0

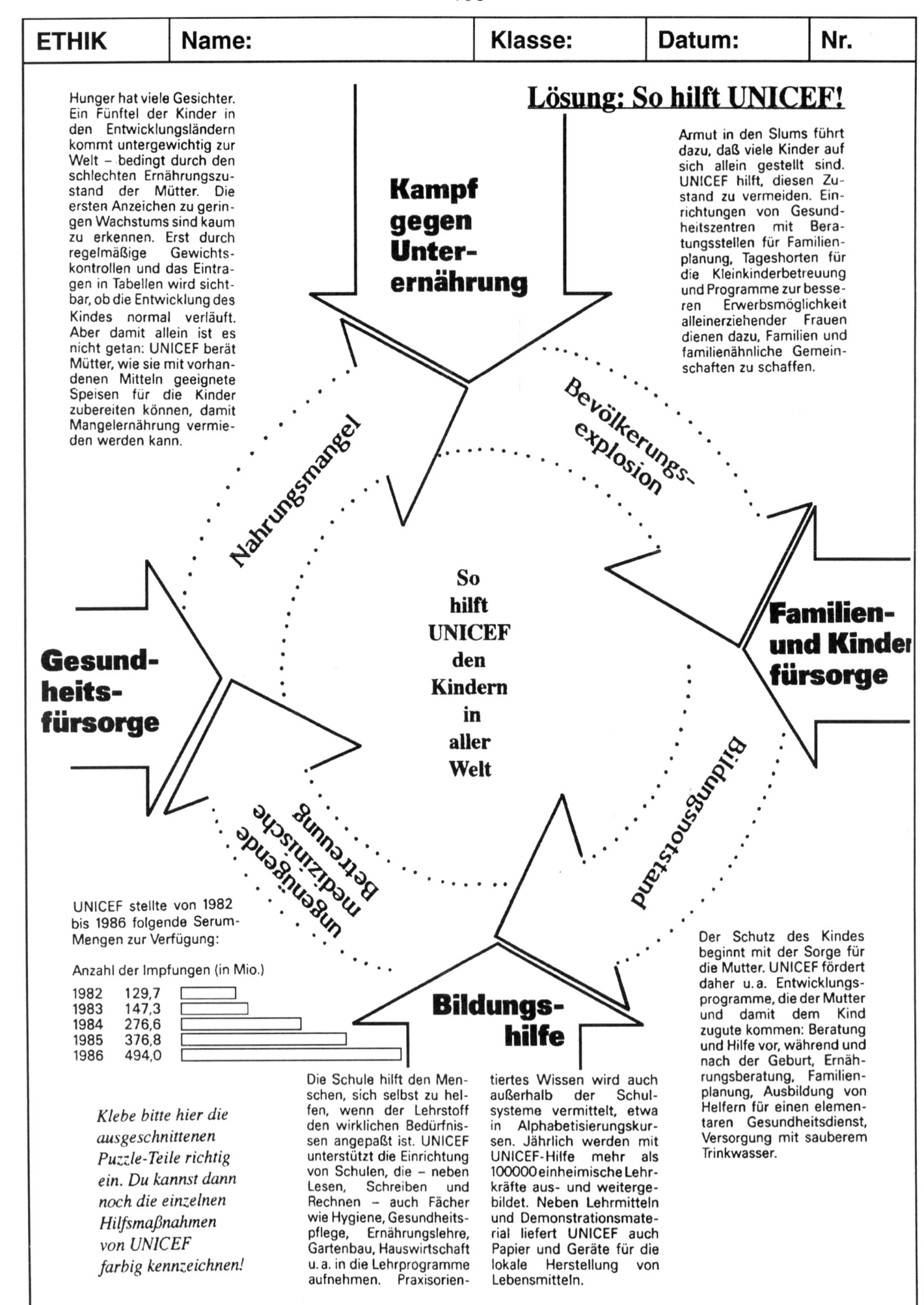

Bildungshilfe

Klebe bitte hier die ausgeschnittenen Puzzle-Teile richtig ein. Du kannst dann noch die einzelnen Hilfsmaßnahmen von UNICEF farbig kennzeichnen!

Die Schule hilft den Menschen, sich selbst zu helfen, wenn der Lehrstoff den wirklichen Bedürfnissen angepaßt ist. UNICEF unterstützt die Einrichtung von Schulen, die – neben Lesen, Schreiben und Rechnen – auch Fächer wie Hygiene, Gesundheitspflege, Ernährungslehre, Gartenbau, Hauswirtschaft u. a. in die Lehrprogramme aufnehmen. Praxisorientiertes Wissen wird auch außerhalb der Schulsysteme vermittelt, etwa in Alphabetisierungskursen. Jährlich werden mit UNICEF-Hilfe mehr als 100000 einheimische Lehrkräfte aus- und weitergebildet. Neben Lehrmitteln und Demonstrationsmaterial liefert UNICEF auch Papier und Geräte für die lokale Herstellung von Lebensmitteln.

Der Schutz des Kindes beginnt mit der Sorge für die Mutter. UNICEF fördert daher u. a. Entwicklungsprogramme, die der Mutter und damit dem Kind zugute kommen: Beratung und Hilfe vor, während und nach der Geburt, Ernährungsberatung, Familienplanung, Ausbildung von Helfern für einen elementaren Gesundheitsdienst, Versorgung mit sauberem Trinkwasser.

© pb-verlag puchheim

| ETHIK | Name: | Klasse: | Datum: | Nr. |

Misereor hilft in der ganzen Welt

Beispiel 1: Kredite für Baumaterialien
Allein in Lima bekamen bisher 2.000 Familien Kredite, um sich die Rohmaterialien für den Bau stabiler und vor allem witterungsfester Wohnungen kaufen zu können. Über die Kreditvergabe entscheidet die örtliche Nachbarschaftshilfe, die eine Art Genossenschaftsbank gründete. Misereor hat 270.000,- DM Anfangskapital zur Verfügung gestellt.
Die meisten dieser Nachbarschaften wirtschaften außerordentlich gut. Weil die Kreditnehmer das Geld in angemessenen Raten zurückzahlen, kann man immer neue Kredite vergeben und damit vielen Familien einen neuen Anfang ermöglichen. Der Fonds wurde von Misereor bereits zweimal aufgestockt.

Beispiel 2: Juristische Beratung
Dem Unrecht ist der Indio oft hilflos ausgeliefert. Da legt die Stadt keine Wasserleitungen in die Siedlungen der Armen, der Verwaltungsbeamte verweigert die Personalpapiere, es fehlt die Buslinie, die es den Armen ermöglichen würde, zu ihren Arbeitsplätzen zu gelangen, ein Mann lässt seine Frau mit kleinen Kindern sitzen, ein Arbeitgeber hält die Kündigungsschutzgesetze nicht ein. Die Peruanische Bischofskonferenz hat zehn Anwälte eingestellt (Monatsgehalt 850,-DM), die den Indios Rechtshilfe gewähren. Pro Monat werden etwa 600 Fälle bearbeitet. Misereor fördert dieses Projekt mit jährlich 55.000,- DM.

Arbeitsaufgaben:

❶ Misereor exportiert keine ausgetüftelten Entwicklungspläne von deutschen Schreibtischen aus in die Dritte Welt.
Sie fördert statt dessen
☐ Hilfe zur Selbsthilfe
☐ vorhandene Initiativen der Betroffenen
☐ staatliche Arbeitsprogramme
☐ Kollektiv-Aktionen der Betroffenen

❷ Die Probleme der Entwicklungsländer sind gleich:
☐ Landflucht
☐ Elendsviertel
☐ Soziale Absicherung
☐ Kriminalität
☐ Arbeitslosigkeit
☐ Vollbeschäftigung
☐ Hungerkrisen

❸ Was wird von Misereor in der Dritten Welt bekämpft?
☐ Hunger ☐ Elend ☐ Tourismus ☐ Krankheit

❹ Was sind die Ziele von Misereor?
☐ Vollbeschäftigung ☐ Menschenwürde ☐ Selbständigkeit

❺ Gestaltet ein Plakat mit Info-Materialien, Texten und Bildern über Misereor!

❻ Holt euch Plakate von Misereor und stellt sie im Klassenzimmer aus!

| ETHIK | Name: | Klasse: | Datum: | Nr. |

Der Einzelne als hilfsbedürftige Person

Erschöpft lege ich den Hörer wieder auf. Eineinhalb Stunden haben wir miteinander gerungen; er, der Anrufer, der von seiner Frau verlassen worden war und nun Selbstmord verüben wollte. Verzweifelt hatte ich an manchen Stellen des Gespräches mich gezwungen, ruhig zu bleiben; nachgedacht, wie ich ihn wohl halten könne. Aber wie will man einem Menschen, der vor dem Verlust all dessen steht was ihm Sinn und Lebensfreude gegeben hat, den Sinn des Lebens, die Lust am Leben vermitteln? Und immer wieder mit der schon stereotypen Leere in seiner Stimme: "Nein, nein! Es geht nicht weiter. Wozu auch?" Und dann, als ich wirklich nicht mehr wusste, was ich ihm noch sagen sollte, war mir eine Äußerung herausgerutscht, die - so hatte ich gelernt - nicht hätte kommen dürfen, die aber alles änderte. "Das dürfen sie mir nicht antun?". - Stille. „Würde Ihnen das wirklich so viel ausmachen?", fragt er mich. „Würden Sie zu meiner Beerdigung kommen?" Verwirrt ob der ungewollten Änderung bejahe ich. Mit einem Male ist er wie verwandelt. Wir reden noch einige Zeit über seine Zukunft und als er sich vergewissert hat, dass er mich jederzeit wieder anrufen kann, wenn es für ihn schwierig wird, bedankt er sich für das Gespräch und legt auf.

Aber meine Zweifel bleiben. Wird er Kraft genug haben, nun doch weiterzumachen? Eine Kurzschlussreaktion? Ich weiß es nicht und Möglichkeiten, es in Erfahrung zu bringen, habe ich nicht: Mein Anrufer war anonym geblieben. Kaum mehr als eine Viertelstunde verbleibt mir Zeit, ein wenig Abstand von diesem Gespräch zu gewinnen, als das Telefon erneut läutet. „Notrufdienst - Telefonseelsorge! Grüß Gott!"

Ein junges Mädchen meldet sich und bittet um Hilfe, da sie mit ihrer Mutter über ihren Freund nicht sprechen kann, der sie trotz vieler Versprechungen verlassen hat. Sie weint und schluchzt; manchmal möchte ich sie durch den Telefonhörer in den Arm nehmen. Sie tut mir leid, aber mehr als Zeit und Aufmerksamkeit kann ich ihr über die Telefonleitung, die uns miteinander verbindet, nicht geben. Sie scheint jedoch froh zu sein, überhaupt einmal reden zu dürfen; zu spüren, dass sie nicht gleich verurteilt wird, obwohl sie den Versprechungen geglaubt hatte.

Nach einer halben Stunde beschließt sie das Gespräch mit einem kurzen Dank. Und auch dieses Mal fällt es mir schwer, meine Gedanken von ihr zu nehmen: Wird sie mit der Enttäuschung - nun wieder alleine gestellt - fertig werden? Was habe ich ausrichten können, wenn sie wieder heimkommt und erneut auf ihre unverständige Mutter trifft?

Die Zeit reicht kaum aus. Ein weiterer Anruf bringt mich in die Realität eines anderen Menschen: Eine junge Frau hat bereits mehrere Kinder und nun verlangt ihr Mann, sie solle das nächste, das sie in einem halben Jahr zur Welt bringen soll, abtreiben lassen. Und wieder versuche ich, mit ihr zu sprechen, ihr Mut zu machen, zuzuhören.

Als ich am Abend endlich auf dem Heimweg bin, ziehen sie alle noch einmal vorbei: die Unbekannten, mit denen ich in den vergangenen vier Stunden für so kurze Zeit so intensiv verbunden war. Sechs Anrufe sind es gewesen, die unsere Nummer gewählt hatten. „Notrufdienst - Telefonseelsorge" - oft die letzte Hoffnung. Seit über zwanzig Jahren gibt es diese Stellen - in allen größeren Städten in ganz Europa. In einer Zeit, als das Telefon zunehmend größere Verbreitung fand, und der Wunsch bei den christlichen Kirchen stärker wurde, rund um die Uhr den in Not geratenen Menschen beizustehen, wurde die Telefonseelsorge gegründet. Zu dem Vorteil der ständigen Erreichbarkeit kommen Schweigepflicht und Anonymität: Kein Ratsuchender ist gezwungen einen Namen zu sagen und kann doch für sein Problem ein offenes Ohr erwarten, auch wenn seine Frage für andere unmoralisch oder unseriös zu sein scheint. Dass dabei die Fragen von der Bitte um Auskunft über die Öffnungszeiten der Badeanstalt, über die schwierigsten Familienfragen bis hin zur Selbstmorddrohung reichen, ist eine Hypothek, an der wir als ehrenamtliche Mitarbeiter oft nicht leicht zu tragen haben. Neben dem Beruf, neben der Familie auch noch Zeit für andere und deren Sorgen zu haben, kostet an manchen Abenden ein ordentliches Stück Selbstüberwindung. Den einzigen „Lohn", den man für vier Stunden Telefonseelsorge bekommt, ist der Zweifel, ob es den Anrufern, die mit uns gesprochen haben, wirklich geholfen hat; ab und zu auch ein herzliches Danke. Nur selten mehr.

Das einzige, was der Telefonseelsorger bieten kann ist seine Aufmerksamkeit. Und so unbefriedigend manchmal das Gespräch für uns endet, so überraschend ist es doch, dass es meist nichts anderes ist, was die Anrufer suchen: „Ich habe niemanden, mit dem ich darüber sprechen kann". Dabei sind es nicht nur ältere, alleinstehende Leute; Jugendliche können nicht mit ihren Eltern reden, Ehepartner nicht miteinander.

"Ich hatte einfach Angst, wenn ich mit jemand Bekanntem gesprochen hätte, würde er mich schief ansehen!" erzählt Brigitte, die mir gegenübersitzt. Sie hatte vor einiger Zeit bei unserer Stelle angerufen, weil ihr Freund von ihr Geschlechtsverkehr verlangt und mit dem Abbruch der Beziehung gedroht hatte, wenn sie sich weigern würde. Brigitte wollte sich aber Zeit lassen. Mit ihren Eltern konnte sie darüber nicht reden. „Warum?" „Ich weiß es eigentlich nicht genau." Ich habe Brigitte erst viel später getroffen. Sie weiß nicht, mit wem sie damals gesprochen hat und dass ich bei der Telefonseelsorge arbeite. „Hattest Du denn nicht Angst, die Mitarbeiter einer solchen Stelle würden dich auch nicht verstehen?" frage ich. „Doch", antwortet sie zögernd. „Aber ich wusste wirklich nicht mehr weiter. Und wenn der am Telefon auch nur gepredigt hätte, hätte ich aufgehängt. Ich brauche mich ja nicht mit Namen zu melden. Aber er hat mir nur richtig zugehört. Und das hat mir unheimlich geholfen."

Stefanie und Detlef Drewes, in: Junge Zeit 7/79

ETHIK	Name:	Klasse:	Datum:	Nr.

Der Einzelne als hilfsbedürftige Person (Fragenkatalog)

Beantworte folgende Fragen zum Text:

❶ Welchen "ehrenamtlichen Beruf" üben die Berichtschreiber aus?
___
___

❷ Welches Problem hatte der 1. Anrufer?
___

❸ Welche Frage verändert das Denken des 1. Anrufers?
___

❹ Welches Problem hat die 2. Anrufperson?
___
___

❺ Auch die dritte Anrufperson hat ein schweres Problem. Welches?
___

Kreuze richtig an!

❶ Seit wann gibt es die "Telefonseelsorge"?
☐ seit 40 Jahren ☐ seit 20 Jahren ☐ seit 30 Jahren

❷ Welches Ziel hat die Telefonseelsorge?
☐ allen Hilfesuchenden Herberge zu geben
☐ rund um die Uhr in Not geratenen Menschen zu helfen
☐ vor allem Behinderten und Kranken aktiv zu helfen
☐ Aufgaben zu übernehmen, die der Staat nicht übernehmen will

❸ Wie hilft die Telefonseelsorge?
☐ anonym
☐ im persönlichen Gespräch unter vier Augen
☐ durch finanzielle Unterstützung der Notleidenden

❹ Welchem Grundsatz ist die Telefonseelsorge verpflichtet?
☐ Meldepflicht
☐ Schweigepflicht
☐ Anzeigepflicht
☐ Aufsichtspflicht

❺ Welche Fragen gehen an die Telefonseelsorge?
☐ schwierige Familienprobleme
☐ Öffnungszeiten der Badeanstalt
☐ Selbstmorddrohungen

❻ Welche Zweifel bleiben bei den Helfern?
☐ Helfen die Gelder?
☐ Kann der Hilfesuchende selbst aus der schwierigen Situation herauskommen?

Rollenspiel:

Überlegt euch in der Gruppe einen schwierigen "Fall" (siehe Text!), verteilt die Rollen und sprecht das "Problem" durch. Beachtet die Meinung der Zuhörer!

| ETHIK | Name: | Klasse: | Datum: | Nr. |

Lösung: Der Einzelne als hilfsbedürftige Person (Fragenkatalog)

Beantworte folgende Fragen zum Text:

❶ Welchen "ehrenamtlichen Beruf" üben die Berichtschreiber aus?
Sie sind beim Notrufdienst, bei der Telefonseelsorge tätig (vier Stunden täglich).

❷ Welches Problem hatte der 1. Anrufer?
Er wollte Selbstmord begehen, weil ihn seine Frau verlassen hat.

❸ Welche Frage verändert das Denken des 1. Anrufers?
"Würden Sie zu meiner Beerdigung kommen?"

❹ Welches Problem hat die 2. Anrufperson?
Ein junges Mädchen kann mit ihrer Mutter nicht über ihren Freund reden, der sie verlassen hat.

❺ Auch die dritte Anrufperson hat ein schweres Problem. Welches?
Sie soll auf Wunsch des Ehemannes ein Kind abtreiben.

Kreuze richtig an!

❶ Seit wann gibt es die "Telefonseelsorge"?
- ■ seit 40 Jahren
- ☐ seit 20 Jahren
- ☐ seit 30 Jahren

❷ Welches Ziel hat die Telefonseelsorge?
- ☐ allen Hilfesuchenden Herberge zu geben
- ■ rund um die Uhr in Not geratenen Menschen zu helfen
- ☐ vor allem Behinderten und Kranken aktiv zu helfen
- ☐ Aufgaben zu übernehmen, die der Staat nicht übernehmen will

❸ Wie hilft die Telefonseelsorge?
- ■ anonym
- ☐ im persönlichen Gespräch unter vier Augen
- ☐ durch finanzielle Unterstützung der Notleidenden

❹ Welchem Grundsatz ist die Telefonseelsorge verpflichtet?
- ☐ Meldepflicht
- ■ Schweigepflicht
- ☐ Anzeigepflicht
- ☐ Aufsichtspflicht

❺ Welche Fragen gehen an die Telefonseelsorge?
- ■ schwierige Familienprobleme
- ☐ Öffnungszeiten der Badeanstalt
- ☐ Selbstmorddrohungen

❻ Welche Zweifel bleiben bei den Helfern?
- ☐ Helfen die Gelder?
- ■ Kann der Hilfesuchende selbst aus der schwierigen Situation herauskommen?

Rollenspiel:
Überlegt euch in der Gruppe einen schwierigen "Fall" (siehe Text!), verteilt die Rollen und sprecht das "Problem" durch. Beachtet die Meinung der Zuhörer!